全过程工程咨询丛书

全过程工程咨询实施导则

张江波　王雁然　潘敏　杨明芬
——— 主编 ———

化学工业出版社
·北京·

内 容 简 介

《全过程工程咨询实施导则》是"全过程工程咨询丛书"的第1册。本册阐述全过程工程咨询的实施原则，强调全过程工程咨询服务需坚持以客户需求为本，以实现建设项目预期目的为中心，以投资控制为抓手，以提高工程质量、保障安全生产和满足工期要求为基点，全面落实全过程工程咨询服务管理责任制，推进绿色建造与环境保护，促进科技进步与管理创新，实现工程建设项目的最佳效益。

导则提出要对工程咨询服务进行集成化管理，提高业主管理效率。将项目策划、工程设计、招投标、造价咨询、工程监理、项目管理等咨询服务作为整体统一管理，形成具有连续性、系统、集成化的全过程工程咨询管理系统。通过多种咨询服务的组合，提高业主的管理效率。建议业主和全过程工程咨询服务机构间通过服务建立相互信任的合作关系。全过程工程咨询服务是为业主定制，业主将不同程度地参与咨询实施过程的控制，并对许多决策工作有最终决定权。

本书可供建设单位、咨询单位、设计单位、施工单位、监理单位、造价咨询单位、运维管理单位的从业人员及相关专业高校教师、学生参考和使用。还可供对工程管理感兴趣的读者阅读和参考。

图书在版编目（CIP）数据

全过程工程咨询实施导则 / 张江波等主编 . —北京：化学工业出版社，2021.10（2024.10重印）
（全过程工程咨询丛书）
ISBN 978-7-122-39561-0

Ⅰ. ①全⋯　Ⅱ. ①张⋯　Ⅲ. ①建筑工程 – 咨询服务
Ⅳ. ① F407.9

中国版本图书馆 CIP 数据核字（2021）第 140320 号

责任编辑：邢启壮　吕佳丽　　　　装帧设计：王晓宇
责任校对：宋　玮

出版发行：化学工业出版社（北京市东城区青年湖南街 13 号　邮政编码 100011）
印　　装：北京科印技术咨询服务有限公司数码印刷分部
787mm×1092mm　1/16　印张 5¾　字数 115 千字　2024 年 10 月北京第 1 版第 3 次印刷

购书咨询：010-64518888　　　　　售后服务：010-64518899
网　　址：http://www.cip.com.cn

凡购买本书，如有缺损质量问题，本社销售中心负责调换。

定　价：48.00 元　　　　　　　　　　　　　　　　　　　　　版权所有　违者必究

丛书编写委员会名单

主　　　任	张江波　王宏毅
副 主 任	杨明宇　谢向荣　顿志林　潘　敏　杨明芬　刘仁轩
	郭嘉祯　白　祯　王孝云　杨宝昆　王瑞镛　铁小辉
主　　　审	韩光耀　上海同济工程咨询有限公司　专家委员会主任
	谭光伟　江西中煤勘察设计总院有限公司　董事长
	顾　靖　浙江上嘉建设有限公司　总工程师
主 任 单 位	中新创达咨询有限公司
	汉宁天际工程咨询有限公司
	晨越建设项目管理集团股份有限公司
	四川开元工程项目管理咨询有限公司
	金中证项目管理有限公司
副主任单位	长江勘测规划设计研究有限责任公司
	中国通信建设集团设计院有限公司
	深圳市昊源建设监理有限公司
	卓信工程咨询有限公司
	中建卓越建设管理有限公司
	泰禾云工程咨询有限公司
	中精信工程技术有限公司
	河南省全过程建设咨询有限公司
	山东德勤招标评估造价咨询有限公司
	云南云岭工程造价咨询有限公司
	江苏启越工程管理有限公司
	浙江中诚工程咨询有限公司
	鲁班软件股份有限公司
	河南理工大学
	青岛理工大学
	西安欧亚学院
	河北建筑工程学院

本书编写人员名单

主　编　张江波　汉宁天际工程咨询有限公司　总经理
　　　　　王雁然　武汉鼎正咨询有限公司　董事长
　　　　　潘　敏　四川开元工程项目管理咨询有限公司　董事长
　　　　　杨明芬　金中证项目管理有限公司　董事长
副主编　陈朝阳　浙江中诚工程咨询有限公司
　　　　　王　伟　河南省全过程建设咨询有限公司
　　　　　李春蓉　晨越建设项目管理集团股份有限公司
　　　　　殷颖迪　西安欧亚学院
　　　　　郑宽善　浙江中诚工程咨询有限公司
　　　　　姜　永　山东德勤招标评估造价咨询有限公司
参　编　何大河　浙江中诚工程管理科技有限公司
　　　　　文学博　永泽建设工程咨询有限公司
　　　　　吴　岚　么道工程管理（上海）有限公司
　　　　　刘艳艳　上海浦惠建设管理有限公司
　　　　　姜海莹　河南交通职业技术学院
　　　　　张晓萌　山东理工职业学院

丛书序

2017年2月国务院办公厅发布的《关于促进建筑业持续健康发展的意见》（国办发〔2017〕19号）要求：培育全过程工程咨询。鼓励投资咨询、勘察、设计、监理、招标代理、造价等企业采取联合经营、并购重组等方式发展全过程工程咨询，培育一批具有国际水平的全过程工程咨询企业。制定全过程工程咨询服务技术标准和合同范本。政府投资工程应带头推行全过程工程咨询，鼓励非政府投资工程委托全过程工程咨询服务。在民用建筑项目中，充分发挥建筑师的主导作用，鼓励提供全过程工程咨询服务。

自2018年以来，各级部门通过招标网站发布的全过程工程咨询项目累计超过300个，上海同济工程咨询有限公司中标的"乌梁素海流域山水林田湖草生态保护修复试点工程项目全过程工程咨询服务"中标咨询费为3.7亿，上海建科、上海同济、浙江江南、中冶赛迪、北京双圆、晨越建管等公司纷纷拿下咨询费用超过1亿元（或接近1亿元）的咨询项目。

我们深刻认识到全过程工程咨询是我国工程咨询业改革的重要举措，是我国工程建设管理模式的一次革命性创举，为此国家发展改革委和住房城乡建设部2019年3月15日推出《关于推进全过程工程咨询服务发展的指导意见》（发改投资规〔2019〕515号），明确全过程工程咨询分为投资决策综合性咨询和工程建设全过程咨询，要求充分认识推进全过程工程咨询服务发展的意义，以投资决策综合性咨询促进投资决策科学化，以全过程咨询推动完善工程建设组织模式，鼓励多种形式的全过程工程咨询服务市场化发展，优化全过程工程咨询服务市场环境，强化保障措施。

2019年10月14日山东省住房和城乡建设厅与山东省发展和改革委员会推出《关于在房屋建筑和市政工程领域加快推行全过程工程咨询服务的指导意见》（鲁建建管字〔2019〕19号），要求：政府投资和国有资金投资的项目原则上实行全过程工程咨询服务。这是全国第一个有强制性要求的全过程工程咨询指导意见，大力推进了山东省开展全过程工程咨询的力度，具有良好的示范效应。

2020年5月6日吉林省住房和城乡建设厅与吉林省发展和改革委员会《关于在房屋建筑和市政基础设施工程领域加快推行全过程工程咨询服务的通知》（吉建联发〔2020〕20号），要求：政府投资工程原则上实行全过程工程咨询服务，鼓励非政府投资工程积极采用全过程工程咨询服务。

2020年6月16日湖南省住房和城乡建设厅《关于推进全过程工程咨询发展的实施意见》(湘建设〔2020〕91号),要求:2020年,政府投资、国有资金投资新建项目全面推广全过程工程咨询;2021年,政府投资、国有资金投资新建项目全面采用全过程工程咨询,社会投资新建项目逐步采用全过程工程咨询;2025年,新建项目采用全过程工程咨询的比例达到70%以上,全过程工程咨询成为前期工作的主流模式,培育一批具有国际竞争力的工程咨询企业,培养与全过程工程咨询发展相适应的综合型、复合型人才队伍。

越来越多的省、市、自治区、直辖市在各地区推进全过程工程咨询的指导意见、实施意见中采用"原则上"等术语来要求政府投资项目全面采用全过程工程咨询的模式开展咨询服务工作。

从国家到地方,各级政府都在大力推进全过程工程咨询,而目前国内专业的全过程工程咨询类人才却十分匮乏。各建设单位、工程咨询、工程设计等企业目前已经开始在为自己储备专业性技术人员。全过程工程咨询并非简单地把传统的设计、监理、造价、招标代理、BIM建模等业务进行叠加,而是需要站在业主的角度对项目建设的全过程进行组织重塑和流程再造,以项目管理为主线、以设计为龙头、以BIM为载体,将传统做法中的多个流程整合为一个流程,在项目起始阶段尽早定义,提高项目管理效率,优化项目结构,大幅降低建造和咨询成本,驱动建筑业升级转型。

在张江波先生的带领下,来自企业、高校近200位专家、学者,历时三年的时间完成了对全过程工程咨询领域的共性问题、关键技术和主要应用的探索和研究,融合项目实践经验,编写出本套系统指导行业发展及实际操作的系列丛书,具有十分深远的意义。本套丛书凝聚了享有盛誉的知名行业专家的群体智慧,呈现并解决目前正在开展全过程工程咨询项目或已完成的全过程工程咨询项目在实施过程中出现的各种问题。

丛书紧扣当前行业的发展现状,围绕全过程工程咨询的六大阶段、十大传统咨询业务形态的融合,实现信息集成、技术集成、管理集成与组织集成的目标,总结和梳理了全过程工程咨询各阶段需要解决的关键问题及解决方法。丛书共有十个分册,分别是《全过程工程咨询实施导则》《全过程工程咨询总体策划》《全过程工程咨询项目管理》《全过程工程咨询决策阶段》《全过程工程咨询设计阶段》《全过程工程咨询施工阶段》《全过程工程咨询竣工阶段》《全过程工程咨询运维阶段》《全过程工程咨询投资管控》《全过程工程咨询信息管理》。相较于传统图书,本套丛书主要围绕以下五个方面进行编写:

(1)强调各阶段、各种传统咨询服务的融合,实现无缝隙且非分离的综合型咨询服务,是传统咨询的融合而非各类咨询服务的总包;

(2)强调集成与协同,在信息集成、技术集成、管理集成、组织集成的四个不同层面,完成从数据—信息—知识—资产的升级与迭代,在集成的基础上完成各项服务的协同作业;

(3)强调全过程风险管理,识别各阶段各业务类型的各种风险源,利用风险管理技术手段,有效规避和排除风险;

（4）强调"前策划、后评估"，重视在前期的总体策划，将全过程实施中足够丰富、准确的信息体现在设计文件、实施方案中，在后期实施时，采用"全过程工程咨询评价模型"来评估实施效果，用"全过程工程咨询企业能力评估模型"来评估企业的相关能力；

（5）强调与建筑行业市场化改革发展相结合的方针，将"全过程工程咨询"作为建筑行业技术服务整合交付的一种工程模式。

丛书内容全面，涉及工程从策划建设到运营管理的全过程，在组织模式上进行了较强的创新，体现出咨询服务的综合性和实用性，反映了全过程工程咨询的全貌，文字深入浅出，简洁明了，系统介绍了工程各阶段所需完成的任务及完成策略、方法、技术、工具，能为读者从不同应用范围、不同阶段及技术等角度了解全过程工程咨询提供很好的帮助，具有很高的指导意义和应用价值，必将对推动我国建筑行业的发展起到积极的作用。希望本丛书的出版，能够使建筑行业工作者系统掌握本领域的发展现状和未来发展，在重大工程的建设方面提供理论支撑和技术指导。

由于作者水平有限，书中不当之处在所难免，恳请读者与专家批评指正。

丛书主任：张江波 王宏毅

2021 年 7 月

丛书前言

为深入贯彻习近平新时代中国特色社会主义思想和党的十九大精神，深化工程领域咨询服务供给侧结构性改革，破解工程咨询市场供需矛盾，必须完善政策措施，创新咨询服务组织实施方式，大力发展以市场需求为导向、满足委托方多样化需求的全过程工程咨询服务模式。《国家发展改革委 住房城乡建设部关于推进全过程工程咨询服务发展的指导意见》（发改投资规〔2019〕515号）提出为深化投融资体制改革，提升固定资产投资决策科学化水平，进一步完善工程建设组织模式，提高投资效益、工程建设质量和运营效率，根据中央城市工作会议精神及《中共中央国务院关于深化投融资体制改革的意见》（中发〔2016〕18号）、《国务院办公厅关于促进建筑业持续健康发展的意见》（国办发〔2017〕19号）等要求，对房屋建筑和市政基础设施领域推进全过程工程咨询服务发展给出指导意见。意见指出要遵循项目周期规律和建设程序的客观要求，在项目决策和建设实施两个阶段，着力破除制度性障碍，重点培育发展投资决策综合性咨询和工程建设全过程咨询，为固定资产投资及工程建设活动提供高质量智力技术服务，全面提升投资效益、工程建设质量和运营效率，推动高质量发展。

作为供给体系的重要组成部分，固定资产投资及建设的质量和效率显著影响着供给体系的质量和效率。工程咨询业在提升固定资产投资及建设的质量和效率方面发挥着不可替代的作用。从项目前期策划、投资分析、勘察设计，到建设期间的工程管理、造价控制、招标采购，到竣工后运维期间的设施管理，均需要工程咨询企业为业主方提供有价值的专业服务。但传统工程咨询模式中各业务模块分割，信息流断裂，碎片化咨询的弊病一直为业主方所诟病，"都负责、都不负责"的怪圈常使业主方陷入被动。传统工程咨询模式已不能适应固定资产投资及建设对效率提升的要求，更无法适应"一带一路"建设对国际化工程咨询企业的要求。2017年2月，《国务院办公厅关于促进建筑业持续健康发展的意见》（国办发〔2017〕19号）文件明确提出"培育全过程工程咨询"，鼓励投资咨询、勘察、设计、监理、招标代理、造价等企业采取联合经营、并购重组等方式发展全过程工程咨询，培育一批具有国际水平的全过程工程咨询企业。同时，要求政府投资工程带头推行全过程工程咨询，并鼓励非政府投资项目和民用建筑项目积极参与。

在国家和行业的顶层设计下，全过程工程咨询已成为工程咨询业转型升级的大方向，如何深入分析业主方痛点，为业主方提供现实有价值的全过程咨询服务，是每一个工程咨询企业都需要深入思考的问题。与此同时，咨询企业应借助国家政策，谋划升级转型，增强综合实力，培养优秀人才，加快与国际先进的建设管理服务接轨，更好地服务于"一带一路"倡议。全过程工程咨询是我国工程建设领域的一次具有革命性意义的重大举措，它是建筑工程领域供给侧改革、中国工程建设领域持续健康发展的重要抓手，影响着我国工程建设领域的未来发展。

在全面推进全过程工程咨询的历史时刻，上海汉宁建筑科技有限公司董事长张江波先生与晨越建设项目管理集团股份有限公司董事长王宏毅先生于2018年5月份经过两次深入的交流，决定利用双方在工程咨询领域长期的理论与实践探索，出版一套能够指导行业发展的丛书，这便有了这套"全过程工程咨询丛书"。编写这套丛书的意义在于从行业和产业政策出发，抓住长期影响中国工程建设的"慢变量"，能够从理论和实践两个层面共同破除对全过程工程咨询的诸多误解，引导更多的从业者在正确的理论和方法指引下、在工程实践案例的指导下更好地开展全过程工程咨询。

本书从2018年7月份启动编写，编写过程中邀请了来自全国各地200多位专家学者共同参与到这套丛书的编写与审核，参与者们都是来自工程咨询一线、具有丰富的理论知识和实践经验的专家，经过将近一年时间的写作和审核，形成了一整套共10个分册的书稿。编写委员会希望本丛书能够成为影响全过程工程咨询领域开展咨询工作的标杆性文件和标准化手册，指引我国工程咨询领域朝着持续、健康方向的发展。

感谢编委会全体成员以及支持编写工作的领导、同仁和朋友们在本书写作、审核、出版过程中给予的关心，正是你们的支持才让本书的论述更加清晰、有条理，内容才能更加丰富、多元。

由于图书编写工作量十分巨大，时间比较紧张，难免有不足之处，欢迎广大读者予以指正。

前 言

《全过程工程咨询实施导则》是在我国工程建设项目管理实践的基础上,根据现有的相关工程技术规范,借鉴和吸收了国际上较为成熟和普遍接受的项目管理理论和惯例编制而成。

《全过程工程咨询实施导则》是建立全过程工程咨询服务机构,明确组织各层次和人员的职责与工作关系,考核和评价全过程工程咨询服务成果的基本依据。

全过程工程咨询服务实施准则如下:

(1)全过程工程咨询服务需坚持以客户需求为本,以实现建设项目预期目的为中心,以投资控制为抓手,以提高工程质量、保障安全生产和满足工期要求为基点,全面落实全过程工程咨询服务管理责任制,推进绿色建造与环境保护,促进科技进步与管理创新,实现工程建设项目的最佳效益。

(2)对工程咨询服务进行集成化管理,提高业主管理效率。将项目策划、工程设计、招标、造价咨询、工程监理、项目管理等咨询服务作为整体统一管理,形成具有连续性、系统性、集成化的全过程工程咨询管理系统。通过多种咨询服务的组合,提高业主的管理效率。

(3)促进工程全寿命价值的实现。不同的工程咨询服务都要立足于工程的全寿命期。以工程全寿命期的整体最优作为目标,注重工程全寿命期的可靠、安全和高效率运行,资源节约、费用优化,反映工程全寿命期的整体效率和效益。

(4)提升工程咨询企业的多业务集成能力,促进投资咨询、设计、监理、招标代理、造价等企业采取联合经营、并购重组等方式发展全过程工程咨询,提升工程咨询企业的多业务集成能力。

(5)建立业主和全过程工程咨询服务机构间相互信任的合作关系。全过程工程咨询服务是为业主定制,业主将不同程度地参与咨询实施过程的控制,并对许多决策工作有最终决定权。同时,咨询工作质量形成于服务过程中,最终质量水平取决于业主和全过程工程咨询单位之间互相协调程度。因此需要建立相互信任的合作关系。

全书共 10 章,具体分工如下:

张江波、王雁然、潘敏、杨明芬任主编并负责统稿,陈朝阳、王伟、李春蓉、殷颖迪、郑宽善、姜永担任副主编。编写工作分别由王雁然主持编写第 1、2、3 章,张江波主持编写第 4、5、6 章,潘敏主持编写第 7、8 章,杨明芬主持编写第 9、10 章,陈朝阳参与第 2、

3章编写，王伟参与第1、4、5章编写，李春蓉参与第2、8章编写，殷颖迪参与第6、7章编写，郑宽善和姜永参与第9、10章编写。何大河、文学博、吴岚、刘艳艳、姜海莹、张晓萌等人参与了资料收集和过程编写，并提出了宝贵意见，对编写工作的完成提供了很大的帮助。

  本书较为系统地介绍了全过程工程咨询业务实施时所需开展的工作及业务流程，供大家在工作中借鉴参考。由于作者水平有限，书中的不足之处在所难免，恳请读者与专家批评指正。

编者

2021年7月

目 录

第 1 章 总则　　001

1.1　编写本导则的目的和依据　　001
1.2　全过程工程咨询的概念和分类　　001
1.3　全过程工程咨询的指导思想　　002
1.4　全过程工程咨询的基本原则　　002
1.5　全过程工程咨询目标　　003
1.6　本导则的适用范围　　003

第 2 章 术语　　004

2.1　范围　　004
2.2　规范性引用文件　　004
2.3　术语和定义　　004

第 3 章 基本规定　　008

3.1　一般规定　　008
3.2　全过程工程咨询服务范围管理　　010
3.3　全过程工程咨询服务流程　　010
3.4　全过程工程咨询服务制度　　011
3.5　全过程工程咨询服务系统管理　　012
3.6　全过程工程咨询服务相关方管理　　012
3.7　全过程工程咨询服务机构的选择　　012
3.8　全过程工程咨询服务的监管　　013
3.9　全过程工程咨询服务持续改进　　014

第 4 章 全过程工程咨询服务总体策划　　015

4.1　全过程工程咨询服务策划大纲　　015

4.2　全过程工程咨询服务实施策划　　　　　　　　　　　　016

第 5 章　全过程工程咨询组织　　　　　　　　　　　　018

5.1　全过程咨询企业的定义　　　　　　　　　　　　　018
5.2　全过程咨询企业能力要求　　　　　　　　　　　　018
5.3　全过程咨询项目组织的定义　　　　　　　　　　　021
5.4　全过程咨询项目人员能力要求　　　　　　　　　　021

第 6 章　全过程工程咨询项目管理　　　　　　　　　　023

6.1　采购管理　　　　　　　　　　　　　　　　　　　023
6.2　招标管理　　　　　　　　　　　　　　　　　　　024
6.3　合同管理　　　　　　　　　　　　　　　　　　　025
6.4　设计管理　　　　　　　　　　　　　　　　　　　027
6.5　进度管理　　　　　　　　　　　　　　　　　　　028
6.6　质量管理　　　　　　　　　　　　　　　　　　　029
6.7　安全生产管理　　　　　　　　　　　　　　　　　030
6.8　资源管理　　　　　　　　　　　　　　　　　　　031
6.9　信息管理　　　　　　　　　　　　　　　　　　　032
6.10　收尾管理　　　　　　　　　　　　　　　　　　034

第 7 章　投资决策阶段综合性咨询　　　　　　　　　　037

7.1　项目建议书　　　　　　　　　　　　　　　　　　037
7.2　可行性研究　　　　　　　　　　　　　　　　　　038
7.3　水土保持　　　　　　　　　　　　　　　　　　　039
7.4　交通影响评价　　　　　　　　　　　　　　　　　040
7.5　环境影响评价　　　　　　　　　　　　　　　　　040
7.6　安全预评价　　　　　　　　　　　　　　　　　　040
7.7　社会稳定风险评价　　　　　　　　　　　　　　　041
7.8　其他相关评价　　　　　　　　　　　　　　　　　041

第 8 章　工程建设全过程咨询　　　　　　　　　　　　042

8.1　招采　　　　　　　　　　　　　　　　　　　　　042
8.2　勘察　　　　　　　　　　　　　　　　　　　　　046
8.3　设计　　　　　　　　　　　　　　　　　　　　　047

8.4　造价　051
8.5　监理　054

第 9 章　运营阶段保障性咨询　058

9.1　项目后评价　058
9.2　绩效评价　059
9.3　设施管理　060
9.4　资产管理　061

第 10 章　新技术在全过程工程咨询中的应用　062

10.1　装配式建筑在全过程工程咨询中的应用　062
10.2　绿色建筑在全过程工程咨询中的应用　062
10.3　大数据技术在全过程工程咨询中的应用　063
10.4　区块链技术在全过程工程咨询中的应用　064
10.5　云计算技术在全过程工程咨询中的应用　064

附录　065

附录 1　全过程工程咨询服务清单　065
附录 2　全过程工程咨询服务计费方法　068
附录 3　全过程工程咨询管理制度　070
附录 4　全过程工程咨询成果交付文件清单　071

参考文献　074

第 1 章

总 则

1.1 编写本导则的目的和依据

工程项目投资建设是为经济和社会发展提供重要物质基础的活动。全过程工程咨询水平高低，直接关系到工程项目投资建设的成败。为满足全过程工程咨询参与者工作需要，全面提高全过程工程咨询水平，优质高效地实现工程项目预期目标，因而编写本导则。

本全过程工程咨询服务导则是在我国工程咨询实践的基础上，依据国家现行有关工程项目投资建设的法律、法规、规章和相关工程技术规范，运用现代工程咨询理论、知识和方法，借鉴和吸收了国际上较为成熟和普遍接受的工程咨询理论和惯例编写。

1.2 全过程工程咨询的概念和分类

1.2.1 全过程工程咨询概念

全过程工程咨询是指对建设项目全生命周期提供组织、管理、经济和技术等各有关方面的工程咨询服务，包括项目的全过程工程项目管理以及投资咨询、勘察、设计、造价咨询、招标代理、监理、运行维护咨询以及 BIM 咨询等专业咨询服务。

全过程工程咨询服务可采用多种组织方式，由投资人授权一家单位负责或牵头，为项目从决策至运营持续提供局部或整体解决方案以及管理服务。

1.2.2　全过程工程咨询分类

（1）单一阶段全过程工程咨询　包括投资决策综合性咨询；工程建设全过程咨询；运营阶段咨询。

（2）跨阶段全过程工程咨询　包括跨投资决策、工程建设、运营阶段多种咨询服务组合。

1.3　全过程工程咨询的指导思想

① 全过程工程咨询强调各阶段、各种传统咨询服务的融合。与传统独立咨询业务相比，全过程工程咨询将使得各独立业务有效融合，打通了业务间联系通路，有利于不同业务间衔接关联。通过融合，业务得以优化整合，各独立业务被迫向纵深方向发展，并实现了彼此优势互补。

② 全过程工程咨询强调集成与协同。在信息集成、技术集成、管理集成、组织集成的四个不同层面，完成从"数据"—"信息"—"知识"—"资产"的升级与迭代。在集成的基础上完成各项服务的协同作业。

③ 全过程工程咨询强调全过程风险管理，识别各阶段各业务类型的各种风险源，利用风险管理技术手段，有效规避和排除风险发生。

④ 全过程工程咨询强调"前策划"与"后评估"。重视在前期的总体策划，将全过程实施中足够丰富、准确的信息体现在设计文件、实施方案中。在后期实施时，采用"全过程工程咨询评价模型"来评估实施效果，用"全过程工程咨询企业能力评估模型"来评估企业的相关能力。

⑤ 全过程工程咨询是建筑行业技术服务整合交付的一种工程模式，强调与建筑行业市场化改革发展相结合。

1.4　全过程工程咨询的基本原则

全过程工程咨询服务实施的基本原则包括：

（1）客户需求为本　以实现建设项目预期目的为中心，以投资控制为抓手，以提高工程质量、保障安全生产和满足工期要求为基点，全面落实全过程工程咨询服务责任制，推进绿色建造与环境保护，促进科技进步与管理创新，实现工程建设项目的最佳效益。

（2）提高业主管理效率　对工程咨询服务进行集成化管理，提高业主管理效率。将项目策划、工程设计、招标、造价咨询、工程监理、项目管理等咨询服务作为整体统一管理，形成具有连续性、系统、集成化的全过程工程咨询管理系统。通过多种咨询服务的组合，提高业主的管理效率。

（3）促进工程全寿命价值的实现　不同的工程咨询服务都要立足于工程的全寿命期。以工程全寿命期的整体最优作为目标，注重工程全寿命期的可靠、安全和高效率运行，资源节约、费用优化，反映工程全寿命期的整体效率和效益。

（4）建立相互信任合作关系　全过程工程咨询服务是为业主定制，业主将不同程度地参与咨询实施过程的控制，并对许多决策工作有最终决定权。同时，咨询工作质量形成于服务过程中，最终质量水平取决于业主和全过程工程咨询单位之间互相协调程度。因此需要建立相互信任的合作关系。

1.5 全过程工程咨询目标

全过程工程咨询的目标是：通过全过程工程咨询服务，打造优质建设项目产品，满足人民群众日益增长的美好生活需要，尽快解决不平衡不充分的发展问题。

1.6 本导则的适用范围

本导则适用于在我国境内投资建设的各类工程项目的全过程工程咨询，尤其是政府投资项目的全过程工程咨询；部分内容适用于我国机构和企业在境外投资项目的全过程工程咨询。

开展全过程工程咨询工作还应符合国家及项目所在地现行有关标准的规定。

第 2 章

术 语

2.1 范围

本导则规定了全过程工程咨询领域中相关术语及其定义，涉及全过程工程咨询业务中与工程项目寿命周期各阶段有关的基本术语，适用于全过程工程咨询领域，其他涉及全过程工程咨询的相关领域也可参照使用。

2.2 规范性引用文件

下列文件中的条款通过本导则的引用而成为本导则的条款。凡是注明日期的引用文件，其随后所有的修改单（不包括勘误的内容）或修订版均不适用于本导则。凡是不注明日期的引用文件，其最新版本适用于本导则。

《关于征求推进全过程工程咨询服务发展的指导意见（征求意见稿）和建设工程咨询服务合同示范文本（征求意见稿）意见的函》（建市监函〔2018〕9号）；《建设项目全过程造价管理咨询工作规程》（CECA/GC 4—2009）；《江苏省全过程工程咨询服务合同示范文本（试行）》和《江苏省全过程工程咨询服务导则（试行）》（苏建科〔2018〕940号）。

2.3 术语和定义

（1）建设项目 为完成依法立项的新建、扩建、改建工程而进行的、有起止日期的、达到规定要求的一组相互关联的受控活动，包括全过程工程项目管理、投资咨询、勘察、设计、造价咨询、招标采购、监理、施工等工作，简称为项目。

（2）项目管理　在项目连续过程中对项目的各方面进行策划、组织、监测和控制，并把项目管理知识、技能、工具和技术应用于项目活动中，以达到项目目标的全部活动。

（3）建设项目生命期　从概念的提出到竣工验收为止所经历的全部时间，包括概念阶段、规划设计阶段、实施阶段和结束阶段。

（4）工程咨询　受客户委托，在规定的时间内运用科学技术、经济管理、法律等多方面知识，适应现代经济社会发展和社会进步的需要，为经济建设和工程项目的决策实施和管理提供智力服务，以提高经济和社会效益，实现可持续发展。

（5）全过程工程咨询　是对工程建设项目前期研究和决策以及工程项目实施和运行（或称运营）的全生命周期提供包含设计在内的涉及组织、管理、经济和技术等各有关方面的工程咨询服务。

（6）全过程工程咨询服务　指采用多种组织方式，为项目决策、实施和运营持续提供局部或整体解决方案。从事工程咨询服务的企业，受委托人委托，在委托人授权范围内对工程建设全过程进行的专业化管理咨询服务活动。

（7）全过程工程咨询服务机构　是指受托人派驻工程负责履行全过程工程咨询服务合同的组织机构，包括工程设计、工程监理、招标代理、造价咨询、项目管理等一个或多个法人单位组成的对项目进行全过程工程咨询服务机构。咨询服务机构应具备适应委托工作的设计、监理、造价咨询等资质中的一项或多项；当不具备工作内容的相应资质可分包给具有相应资质的咨询服务企业。

（8）客户　委托咨询工程师或咨询单位的一方。

（9）咨询工程师　是对从事工程咨询业务为职业的工程技术人员和其他专业人员的统称。

（10）建设项目投资　建设项目投资是指投资主体为获取预期收益，在选定的建设项目上所需投入的全部资金。

（11）相关方　能够影响决策或活动、受决策或活动影响，或感觉自身受到决策或活动影响的个人或组织。

（12）项目发起人　执行组织内部或外部的个人或团体，他们以现金或实物的形式或者通过融资等方式为项目提供资金来源。

（13）委托人　是指委托全过程工程咨询服务的一方及其合法的继承人，即项目建设方、业主或有权限的主管部门。

（14）受托人　是指提供全过程工程咨询服务的一方，即提供全过程工程咨询服务的企业。

（15）投资人　是指投入现金购买某种资产以期望获取利益或利润的自然人和法人，包括公司股东、债权人和利益相关者。本指引主要以固定资产投资为主，是指由投资人建造和购置固定资产的经济活动。本指引所指的投资人包括政府、企业、个人、混合经济体（含PPP）等。

（16）承包人　是指被投资人接受的具有工程施工承包主体资格的当事人以及取得该当事人资格的合法继承人。承包人有时也称承包单位、施工企业、施工人。本指引中承包人包括材料及设备供应商、分包商。

（17）分包商　项目承包人根据工程总承包合同的约定，将总承包项目中部分工程或服务发包给具有相应资格的当事人。

（18）指定分包商　在合同之间或合同运行过程中，由业主直接指定，完成某项特定工作内容并与承包商签订分包合同的特殊分包商。

（19）联营体　由两家或两家以上具有法人资格的承包商为一项工程的实施，以协议方式而组成的组织。

（20）联合体　是两家或者两家以上承包公司为了提高投标中的竞争能力，减少因履约保函而造成的财务负担，分散投标风险，在一定期限下联合在一起共同发展、协调工作而组成的不具有法人资格的临时性组织。

（21）产权人　是指建设项目的所有权人。

（22）运营人　是指建设项目中受投资人或产权人委托的使用人、经营人。

（23）全过程工程咨询服务总负责人　是指由受托的全过程工程咨询服务机构（联合体单位组成的机构需由各联合体单位共同授权）的法定代表人书面授权，全面负责履行合同、主持全过程工程咨询服务机构工作。全过程工程咨询服务总负责人执业资格要求原则上应当取得工程建设类注册执业资格（如具有注册造价工程师、注册监理工程师、注册建造师、注册建筑师、注册结构工程师及其他设计注册工程师）且具有工程类、工程经济类高级职称并具有类似工程经验人员承担，如国家有相关规定的遵从其规定。

（24）全过程工程咨询服务专业负责人　是指由受托人的法定代表人委派，主持相应专业咨询服务工作。是指具备相应资格和能力、在全过程工程咨询服务总负责人的管理协调下，开展全过程工程咨询服务相关专业咨询的专业人士。全过程工程咨询服务专业负责人主要包括但不限于以下专业人士：应具有注册造价工程师、注册监理工程师、注册建造师、注册建筑师、注册结构工程师及其他设计注册工程师或具有国家法律法规规定的相关执业资格人员承担。

（25）全过程工程咨询服务范围管理　对合同中约定的全过程工程咨询服务工作范围进行的定义、计划、控制和变更等活动。

（26）项目总目标　工程建设项目总目标是工程建设和运行所要达到的结果状态，它是工程总体方案策划、可行性研究、设计、施工、运行（营）管理的依据。工程建设项目总目标通常包括功能目标（功能、产品或服务对象定位、工程规模）、技术目标、时间目标、经济目标（总投资、投资回报）、社会目标、生态目标等指标。

（27）全过程工程咨询服务责任制　全过程工程咨询服务机构制定以全过程工程咨询服务总负责人及专业负责人为主体，确保全过程工程咨询服务目标实现的责任制度。

（28）全过程工程咨询服务目标责任书　全过程工程咨询服务机构的管理层与全过程工程咨询服务团队签订的，明确全过程工程咨询服务机构应达到的成本、质量、工期、安全和环境等管理目标及其承担的责任，并作为项目完成后考核评价依据的文件。

（29）全过程工程咨询服务策划　为达到全过程工程咨询管理目标，在调查、分析有关信息的基础上，遵循一定的程序，对未来某项工作进行全面的构思和安排，制定和选择合理可行的执行方案，并根据目标要求和环境变化对方案进行修改、调整的活动。

（30）全过程工程项目管理　运用系统的理论和方法，对建设工程项目进行的计划、组织、指挥、协调和控制等专业化活动，简称项目管理。

① 采购管理。对项目的前期策划、勘察、设计、施工、监理、供应等产品和服务的使

工作进行的计划、组织、指挥、协调和控制等活动。

② 招标管理。为实现招标目的，按照招标文件规定的要求对整个招标过程进行的计划、组织、指挥、协调和控制等活动。

③ 合同管理。对项目合同的编制、订立、履行、变更、索赔、争议处理和终止等管理活动。

④ 设计管理。对项目设计工作进行计划、组织、指挥、协调和控制等活动。

⑤ 进度管理。为实现项目的进度目标而进行的计划、组织、指挥、协调和控制等活动。

⑥ 质量管理。为确保项目的质量特性满足要求而进行的计划、组织、指挥、协调和控制等活动。

⑦ 成本管理。为实现项目成本目标而进行的预测、计划、控制、核算、分析和考核活动。

⑧ 安全生产管理。为使建设项目实施人员和相关人员规避伤害、设备设施不受损及影响健康的风险而进行的计划、组织、指挥、协调和控制等活动。

⑨ 资源管理。对项目所需人力、材料、机具、设备和资金等所进行的计划、组织、指挥、协调和控制等活动。

⑩ 信息管理。对项目信息的收集、整理、分析、处理、存储、传递和使用等活动。

⑪ 风险管理。对项目风险进行识别、分析、应对和监控的活动。

⑫ 收尾管理。对项目的收尾、试运行、竣工结算、竣工决算、回访保修、项目总结等进行的计划、组织、协调和控制等活动。

（31）专业咨询 全过程工程咨询服务中由专业咨询工程师所提供的投资咨询、勘察、设计、造价咨询、招标代理、监理等专业咨询工作。

（32）全过程造价管理 建设项目全过程工程造价管理咨询的任务是依据国家有关法律、法规和建设行政主管部门的有关规定，通过对建设项目各阶段工程的计价，实施以工程造价管理为核心的项目管理，实现整个建设项目工程造价有效控制与调整，缩小投资偏差，控制投资风险，协助建设单位进行建设投资的合理筹措与投入，确保工程造价的控制目标。

（33）项目评估 项目评估是根据客户的要求，在可行性研究的基础上，按照一定的目标，对投资项目进行可靠性的判断、权衡比较各方案，向客户提供明确的结论。

（34）验收 建筑工程在施工单位自行质量检查评定的基础上，参与建设活动的有关单位共同对检验批、分项、分部、单位工程的质量进行抽样复验，根据相关标准以书面形式对工程质量达到合格与否作出确认。

（35）项目绩效评价 是指遵照一定的评价标准，运用一定的评价方法和量化指标，对项目绩效目标的实现程度，项目预计的过程环节和新增环节的执行效果及项目实施的整体效果所进行的多目标综合评价。

（36）项目后评价 是指在建设项目已竣工并以投入运营一段时间后，对项目目标、运营效益、作用和影响等所进行的系统客观全面的分析和评价，即将项目决策初期的预想结果与项目实施后的终期实际结果进行全面的对比考核，对建设项目投资产生的财务、经济等方面的效益与影响进行全面科学的评估，以期通过检查总结和可靠的资料信息反馈，为未来决策提供经验教训和预测。

第3章

基本规定

3.1 一般规定

① 全过程工程咨询单位可根据委托人的委托，独立承担项目全过程全部专业咨询服务，全面整合项目建设过程中所需的投资咨询、勘察、设计、造价咨询、招标代理、监理、运营维护咨询以及全过程工程项目管理等咨询服务业务；也可提供菜单式服务，即"1+N"模式，"1"是指全过程工程项目管理，"N"包括但不限于：投资咨询、勘察、设计、造价咨询、招标代理、监理、运营维护咨询等专业咨询（可选项），可参考附录A全过程工程咨询服务清单。

② 全过程工程咨询单位应根据全过程工程咨询的服务内容和周期，结合项目规模和复杂程度（自然环境因素、社会因素、投资人要求等）等要素合理确定咨询服务收费，在全过程工程咨询合同中明确约定。本指引建议全过程工程咨询服务计费采取"1+N"叠加计费模式，具体计费方法详见附录B全过程工程咨询服务计费方法。全过程工程咨询服务收费，应纳入工程概算。建议推行全过程咨询制度下的职业责任保险，建立单位、团队与个人保险相互补充机制。

③ 全过程工程咨询单位承担项目全过程工程咨询业务应树立文化为本、绿色为先、集约发展、价值创新的咨询服务原则，发挥全过程工程咨询项目负责人在项目管理中的核心作用。在建设项目决策、勘察设计、招标采购、工程施工、竣工验收、运营维护等不同阶段，应依据相关标准规范和项目具体要求编制全过程工程咨询相应专业的成果文件。

④ 全过程工程咨询单位承担项目全过程工程咨询业务应签订全过程工程咨询合同。合

同中应明确约定委托双发的权利义务、咨询服务范围、内容、成果文件表现形式，成果质量与工期目标，全过程工程咨询服务费用、变更程序等内容。委托双方应当严格按照合同约定履行义务，不得将项目转包或违法分包。

⑤ 当投资人委托多个咨询机构共同承担大型或复杂建设项目的工程咨询业务时，投资人应明确全过程工程咨询单位作为咨询业务主要承担单位，并应由其负责全过程工程项目管理等综合性工作；其他咨询单位应分别按合同约定负责其所承担的专业咨询工作并由全过程工程咨询单位统一协调。

⑥ 全过程工程咨询单位应按全过程工程咨询合同要求出具相应的成果文件，并应在成果文件或需要其确认的相关文件上签章，承担合同主体责任。全过程工程咨询项目负责人、专业咨询工程师应在其完成或需要其确认的相应成果文件上签章，承担相应责任。

⑦ 全过程工程咨询单位以及承担全过程工程咨询业务的全过程工程咨询项目负责人、专业咨询工程师，不得同时接受具有利害关系的双方或多方委托进行同一项目、同一阶段的全过程工程咨询业务。

⑧ 承担建设项目全过程工程咨询业务的机构应按照合同要求，对合同中涉及的咨询服务内容实施全过程和全方位的管理与控制。

⑨ 全过程工程咨询服务机构应识别全过程工程咨询服务需求与范围，根据自身全过程工程咨询服务能力、相关方约定及全过程工程咨询服务目标之间的内在联系，确定全过程工程咨询服务目标。

⑩ 全过程工程咨询服务机构应遵循策划、实施、检查、处置的动态管理原理，确定全过程工程咨询服务流程，建立全过程工程咨询服务制度，实施全过程工程咨询服务系统管理，持续改进管理绩效，提高委托人满意水平，确保实现全过程工程咨询服务目标。

⑪ 全过程工程咨询服务总体策划应由全过程工程咨询服务策划大纲、全过程工程咨询服务实施策划和全过程工程咨询服务配套策划组成。

⑫ 全过程工程咨询服务机构应建立全过程工程咨询服务策划的管理制度，确定全过程工程咨询服务策划的管理职责、实施程序和控制要求。

⑬ 全过程工程咨询服务策划应包括下列管理过程：

a. 分析、确定全过程工程咨询服务的内容与范围；
b. 协调、研究、形成全过程工程咨询服务策划结果；
c. 检查、监督、评价全过程工程咨询服务策划过程；
d. 履行其他确保全过程工程咨询服务策划的规定责任。

⑭ 全过程工程咨询服务策划应遵循下列程序：

a. 识别全过程工程咨询服务范围；
b. 进行全过程工程咨询服务工作分解；
c. 确定全过程工程咨询服务的实施方法；
d. 规定全过程工程咨询服务需要的各种资源；
e. 测算全过程工程咨询服务各项成本。

⑮ 对全过程工程咨询服务各个过程进行策划。

3.2 全过程工程咨询服务范围管理

（1）项目全过程工程咨询以项目决策、项目建设、项目运营三大阶段展开，全过程工程咨询是由一个具有目标明确的各类专业人员组成的集合体，通过集成和协同来提供综合性咨询。

（2）全过程工程咨询单位可承担的项目全过程工程咨询工作内容包括：

① 全过程工程项目管理 主要包括项目策划管理、报建报批、勘察管理、设计管理、合同管理、进度管理、质量管理、成本管理、安全生产管理、资源管理、信息管理、风险管理、收尾等管理与协调工作。

② 全过程各专业咨询服务

a. 项目决策阶段。包括但不限于机会研究、策划咨询、规划咨询、项目建议书、可行性研究、投资估算、方案比选等；

b. 工程建设环节。包括但不限于：

（a）勘察设计阶段。包括但不限于初步勘察、方案设计、初步设计、设计概算、详细勘察、设计方案经济比选与优化、施工图设计、施工图预算、BIM 及专项设计等；

（b）招标采购阶段。包括但不限于招标策划、市场调查、招标文件（含工程量清单、投标限价）编审、合同条款策划、招投标过程管理等；

（c）工程施工阶段。包括但不限于工程质量、造价、进度控制，勘察及设计现场配合管理，安全生产管理，工程变更、索赔及合同争议处理，工程文件资料管理，安全文明施工与环境保护管理等；

（d）竣工验收阶段。包括但不限于竣工策划、竣工验收、竣工资料管理、竣工结算、竣工移交、竣工决算、质量缺陷期管理等；

c. 运营维护阶段。包括但不限于项目后评价、运营管理、项目绩效评价、设施管理、资产管理等。

d. BIM 专项咨询。

（3）全过程工程咨询服务各专业团队服务负责人要明确相应专业范围管理的工作职责和工作程序。

（4）全过程工程咨询服务各专业团队服务负责人在全过程工程咨询项目总负责人协调下，确定相应专业的范围计划、范围界定、范围确认、范围变更控制。

（5）全过程工程咨询服务贯穿于项目的全过程，各专业在开展工作中是与其他专业管理不可分割的，在实施过程中各专业管理需要相互协调，在全过程工程咨询服务总负责人的带领下开展工作。

3.3 全过程工程咨询服务流程

（1）全过程工程咨询服务机构应按全过程工程咨询服务流程实施全过程工程咨询服务。全过程工程咨询服务流程应包括启动、策划、实施、监控和收尾过程，在实施各个过程中时需要项目管理、项目策划、工程设计、招标代理、造价咨询、工程监理等其中的一个或多个专业团队相互配合才能完成；各个过程实施中各专业团队之间相对独立，又相互联系。

（2）启动过程应明确全过程工程咨询服务概念，初步确定全过程工程咨询服务范围，识别影响全过程工程咨询服务最终结果的内外部相关方。

（3）策划过程应明确全过程工程咨询服务范围，协调全过程工程咨询服务相关方期望，优化全过程工程咨询服务目标，为实现全过程工程咨询服务目标进行管理规划与配套策划，在此期间涉及相应的专业团队有项目策划、项目管理、工程设计、造价咨询等相关方。

（4）实施过程应按全过程工程咨询服务策划要求组织人员和资源，实施具体措施，完成全过程工程咨询服务策划中确定的工作，在此期间应以项目管理团队为主导，其他管理团队为辅，共同完成项目实施阶段的工作。

（5）监控过程应对照全过程工程咨询服务策划，监督全过程工程咨询服务活动，分析全过程工程咨询服务进展情况，识别必要的工作需求并实施调整，全过程工程咨询服务的过程监控过程由总负责人负责，相关专业团队负责人根据团队内部事务进展实时跟进。

（6）全过程工程咨询服务收尾阶段，全过程工程咨询服务收尾阶段总负责人要求相关专业团队负责人，按合同要求以及行业规范要求进行竣工策划、竣工验收、竣工资料管理、竣工移交等一系列工作内容。

3.4 全过程工程咨询服务制度

（1）全过程工程咨询服务机构应建立全过程工程咨询服务制度，包括但不限于文件编制及审批管理制度、文档管理制度、工作联系单管理制度、用印管理制度、会议管理制度、咨询工作日志管理制度、BIM协同工作管理制度、进度咨询工作管理制度、质量咨询工作管理制度、咨询工作月报制度、咨询工作成果编制及审批制度、招投标管理制度、设计变更咨询管理制度、前期工作咨询管理制度、投资控制管理制度、安全管理制度、信息管理制度、合同管理制度等。

（2）全过程工程咨询服务机构应根据咨询工作流程、项目特点及合同要求，在全过程咨询项目咨询服务实施前由全过程工程咨询服务项目负责人组织并策划拟实施项目的全过程工程咨询服务制度，由项目相关咨询工程师、项目行政人员等共同编制，并保证制度与工程特点、合同要求相适应。

（3）全过程工程咨询服务制度应按照企业成果文件的编制、审批、批准等流程进行编、审、批。

（4）经批准后的制度应形成制度汇编，并摘录规范化样表，交由公司行政管理部门通过红头文件发布通知执行，同时将红头文件发送至委托单位。

（5）制度在执行的过程中若存在瑕疵或运行不流畅，制度相关编制人员应对制度进行修编，修编后经公司审批后执行。

（6）全过程咨询服务应严格按照制度执行，并在执行过程中形成执行过程文件，过程文件应存档保存。

（7）全过程工程咨询完成后，应对全过程工程咨询制度的执行情况、适应性、必要性、协同性等进行评估，对后续全过程咨询服务制度的编制提供经验总结。

3.5 全过程工程咨询服务系统管理

（1）全过程工程咨询服务机构应识别影响全过程工程咨询服务目标实现的所有过程，确定其相互关系和相互作用，分析全过程工程咨询服务各阶段的各项因素。

（2）全过程工程咨询服务机构应确定全过程工程咨询服务系统管理方法。系统管理方法应包括下列方法：系统分析、系统设计、系统实施、系统综合评价。

（3）全过程工程咨询服务机构在全过程工程咨询服务过程中应用系统管理方法，应符合下列规定：

① 在综合分析全过程工程咨询服务项目策划、工程设计、工程监理、招标代理、造价咨询、项目管理之间内在联系的基础上，结合各个目标的优先级，分析和论证全过程工程咨询服务目标，在全过程工程咨询服务目标策划过程中兼顾各个目标的内在需求；

② 对全过程工程咨询服务在整个项目的投资决策、招投标、设计、采购、施工、试运行进行系统整合，在综合平衡全过程工程咨询服务各专业团队之间关系的基础上，实施系统管理；

③ 对全过程工程咨询服务实施过程中的变更风险进行管理，兼顾相关过程需求，平衡各种管理关系，确保全过程工程咨询服务偏差的系统性控制。

3.6 全过程工程咨询服务相关方管理

（1）全过程工程咨询服务机构应识别全过程工程咨询服务的所有相关方，了解其合理合法的需求和期望，确保全过程工程咨询服务要求与相关方的期望相一致。

（2）全过程工程咨询服务机构的全过程工程咨询服务应使顾客满意，兼顾其他相关方的合理合法期望和要求。

（3）全过程工程咨询服务机构应通过实施下列全过程工程咨询服务活动使相关方满意：
① 遵守国家有关法律和法规；
② 确保履行全过程工程咨询服务合同要求；
③ 保障健康和安全，减少或消除咨询服务实施过程中对环境造成的影响；
④ 与相关方建立互利共赢的合作关系；
⑤ 构建良好的组织内部环境；
⑥ 通过相关方满意度的测评，提升相关方管理水平。

3.7 全过程工程咨询服务机构的选择

工程咨询是高智力的专业服务工作，对工程全寿命期目标的实现有重要影响，选择专业化、高水平的全过程工程咨询，能够降低业务管理成本，最终提高工程效率和效益。

全过程工程咨询服务机构的选择分为招标方式和非招标方式。采用招标方式评标方法要点如下：

① 全过程工程咨询服务机构选择中须避免价格恶性竞争。因工程咨询合同在签订前难以对工作范围、交付对象要求、管理工作数量和质量水平进行全面安排、描述和客观评估，

难以形成价格竞争的条件。

② 建议业主在关注咨询机构的声誉、过去咨询业绩、相关项目团队的咨询经验的同时，还应关注咨询服务单位的诚信状况、与业主的诚信合作等。依据过去经验和相关能力进行选择具有一定的科学性，但同时又存在很大的局限性。因为工程咨询服务需要业主不同程度的参与，需要高度的信任，过去的能力并非意味着能与当前的业主进行很好的合作。

3.8 全过程工程咨询服务的监管

3.8.1 基于信任的业主方管控

构建业主与全过程工程咨询服务机构的信任关系，培育良性市场环境。

（1）业主对于全过程工程咨询服务机构要充分信任，尽可能全面授权。不宜通过合同或其他约束监督、制衡和控制全过程工程咨询服务机构。尽量避免再采用第三方监督全过程工程咨询服务机构的行为，追求伙伴关系和团队精神。

（2）减少合同处罚和监督机制，可以通过未来合作机会激发全过程工程咨询服务机构的内在动力，通过声誉制约全过程工程咨询服务机构的当前行为。

（3）在咨询过程中，加强与全过程工程咨询服务机构的沟通，建立个人层面的信任关系，及采用非正式的控制方式。

（4）在咨询市场上，业主之间进行信息共享与交互平台构建。

（5）与全过程工程咨询服务机构保持持续业务关系，不仅使双方互相熟悉，而且顾及后续的业务关系、强调声誉约束。

（6）避免按照服务绩效设置奖励和处罚。不能仅仅单纯依赖经济激励与约束机制，还要从制度上进行激励和约束，更要重视思想文化道德等非制度因素激励约束作用，采取制度安排与非制度安排因素结合的综合措施解决。

3.8.2 行政监管

全过程工程咨询服务的行政监管是政府职能部门根据法律、法规授予的行政权力，在建设项目全生命周期中，对全过程工程咨询服务进行行政管理和约束，使之符合业主协同控制的需要。全过程工程咨询服务的行政监管包括发改、财政、环保、国土、住建、物价、电力、城管、公安、工商等部门对项目咨询服务的协同监管，主要的表现形式是对咨询服务成果的批复等，并在各自职权范围内发挥监管作用。

（1）投资决策阶段监管　投资决策监管主要工作为监管投资决策方式的合法性、决策程序的规范性、决策结果的合理性，主要表现为是否及时发放立项、可研批复文件，是否及时通过环境影响评价、节能审查、用地预审，规划选址是否按程序报批、合理等。

（2）建设实施阶段

① 采购监管：主要工作为对监管咨询服务机构采用的采购方式的合法性，采购过程公开性、公平性、公正性和透明性，合同签订过程的合规性及结果的合理性进行监管。

② 勘察、设计、造价、监理监管：主要工作为对勘察、设计、造价、监理等咨询服务机构的选择进行监管；对勘察、设计、造价、监理服务执行及程序、成果进行监管。

③ 建设监管：建设监管主要工作是对全过程工程项目咨询服务的安全文明施工控制、工程进度控制、工程质量控制、劳动监察、安全施工控制等目标、程序、措施、结果进行监管，使之符合相关要求。

（3）运营维护阶段监管　运营维护阶段监管主要工作是对全过程工程项目咨询服务的项目绩效评价、项目后评价、设施管理、资产管理的目标、程序要求、结果进行监管，使之符合相关要求。

3.8.3　行业监管

通过行业协会的约束，如行业主管部门进行资格认证，行业协会制定专业人士行为规范和工作标准，使行业自律；建立健全的项目咨询单位及从业人员的诚信考评、约束、处罚、激励机制。同时行业协会应当对从业人员具有很强的约束能力。

3.8.4　咨询服务企业内部控制

应营造学习型企业氛围，咨询企业不宜外行管内行，以及采用过强的监督机制。对于咨询企业，人力资源管理是核心。员工的个人和社会形象、道德行为规范、对员工激励就显得非常重要，需要采用期权股份、员工参与决策等措施调动积极性。

3.9　全过程工程咨询服务持续改进

（1）全过程工程咨询服务机构应确保全过程工程咨询服务的持续改进，将外部需求与内部管理相互融合，以满足全过程工程咨询服务风险预防和组织的发展需求。

（2）全过程工程咨询服务机构应在内部采用下列全过程工程咨询服务持续改进的方法：

① 对已经发现的不合格采取措施予以纠正；

② 针对不合格的原因采取纠正措施予以消除；

③ 对潜在的不合格原因采取措施防止不合格的发生；

④ 针对全过程工程咨询服务的增值需求采取措施予以持续满足。

（3）全过程工程咨询服务机构应在过程实施前评审各项改进措施的风险，以保证改进措施的有效性和适宜性。

（4）全过程工程咨询服务机构应对员工在持续改进意识和方法方面进行培训，使持续改进成为员工的岗位目标。

（5）全过程工程咨询服务机构应对全过程工程咨询服务的持续改进进行跟踪指导和监控。

第4章 全过程工程咨询服务总体策划

4.1 全过程工程咨询服务策划大纲

4.1.1 全过程工程咨询服务策划大纲

它是全过程工程咨询服务工作中具有战略性、全局性和宏观性的指导文件。

4.1.2 服务策划大纲编制步骤

（1）明确全过程工程咨询服务需求和全过程工程咨询服务范围；
（2）确定全过程工程咨询服务目标；
（3）分析全过程工程咨询服务实施条件，进行全过程工程咨询服务工作结构分解；
（4）确定全过程工程咨询服务组织模式、组织结构和职责分工；
（5）规定全过程工程咨询服务措施；
（6）编制全过程工程咨询服务资源计划；
（7）报送审批。

4.1.3 服务策划大纲编制依据

（1）项目文件、相关法律法规和标准；
（2）类似项目全过程工程咨询服务经验资料；
（3）相关项目管理、项目策划、工程设计、招标代理、造价咨询、工程监理实施调查资料。

4.1.4 服务策划大纲宜包括的内容

（1）建设项目概况；
（2）全过程工程咨询服务范围管理；
（3）全过程工程咨询服务内容管理；
（4）全过程工程咨询服务目标；
（5）全过程工程咨询服务组织架构及组织责任管理流程；
（6）全过程工程咨询服务项目策划管理；
（7）全过程工程咨询服务工程设计管理；
（8）全过程工程咨询服务工程监理管理；
（9）全过程工程咨询服务采招管理；
（10）全过程工程咨询服务进度管理；
（11）全过程工程咨询服务质量管理；
（12）全过程工程咨询服务成本管理；
（13）全过程工程咨询服务安全生产管理；
（14）全过程工程咨询服务资源管理；
（15）全过程工程咨询服务信息管理；
（16）全过程工程咨询服务风险管理；
（17）全过程工程咨询服务收尾管理；
（18）不同工程咨询业务集成的技术措施和管理制度。

不同工程咨询业务应符合工程总目标，而不是阶段性目标。专项工程咨询服务都要立足于工程的全寿命期，以工程全寿命期的整体最优作为目标。

4.1.5 服务策划大纲文件应具备的内容

（1）全过程工程咨询服务目标和职责规定；
（2）全过程工程咨询服务程序和方法要求；
（3）全过程工程咨询服务资源的提供和安排。

4.2 全过程工程咨询服务实施策划

4.2.1 全过程工程咨询服务实施策划

全过程工程咨询服务实施策划是对全过程工程咨询服务策划大纲的内容进行细化。

4.2.2 服务实施策划应遵循步骤

（1）了解相关方的要求；
（2）分析项目具体特点和环境条件；
（3）熟悉相关的法规和文件；
（4）实施编制活动；

（5）履行报批手续。

4.2.3 服务实施策划编制依据

（1）适用的法律、法规和标准；
（2）全过程工程咨询服务合同及相关要求；
（3）全过程工程咨询服务策划大纲；
（4）本项目政府相关文件；
（5）工程情况与特点；
（6）全过程工程咨询服务资源和条件；
（7）有价值的历史数据；
（8）全过程工程咨询服务团队的能力和水平。

4.2.4 服务实施策划应包括的内容

（1）项目概况；
（2）项目总体工作安排；
（3）组织方案；
（4）设计与技术措施；
（5）项目策划计划；
（6）工程设计计划；
（7）工程监理计划；
（8）进度计划；
（9）质量计划；
（10）成本计划；
（11）安全生产计划；
（12）资源需求与采购计划；
（13）信息管理计划；
（14）风险管理计划；
（15）项目收尾计划；
（16）全过程工程咨询服务目标控制计划；
（17）技术经济指标。

4.2.5 服务实施策划文件应满足的要求

（1）策划大纲内容应得到全面深化和具体化；
（2）实施策划范围应满足实现全过程工程咨询服务目标的实际需要；
（3）实施全过程工程咨询服务规划的风险应处于可以接受的水平。

ND

第5章

全过程工程咨询组织

5.1 全过程咨询企业的定义

全过程咨询企业是指可以运用组织、管理、经济和技术等措施在建设工程项目的全生命周期为建设单位提供投资咨询、勘察、设计、造价咨询、招标代理、监理、运行维护咨询以及 BIM 咨询等专业咨询服务的单个法人组织或多个法人组织的联合体。

5.2 全过程咨询企业能力要求

5.2.1 企业的能力

全过程咨询企业应具备决策阶段（或称前期阶段）咨询管理、勘察设计阶段咨询管理、招投标阶段咨询管理、施工阶段咨询管理、竣工阶段咨询管理、结决算阶段咨询管理、工程档案归档咨询管理、运营阶段咨询管理等工程全过程管理能力。

当单个咨询企业不能满足全过程咨询应具备的能力时，可以由一家咨询企业牵头组织多家咨询企业形成咨询企业联合体，从而达到全过程咨询企业应具备的能力。

全过程咨询企业应具有良好的社会信誉、满足全过程咨询服务的组织机构、满足全过程咨询服务的咨询服务管理体系、满足全过程咨询服务的风险控制能力、满足全过程咨询服务的服务团队、满足全过程咨询服务的廉洁自律等能力。

当全过程咨询服务企业承担勘察、设计、监理、审计、造价、水土保持"三同时"、环境保护"三同时"、职业卫生"三同时"、安全"三同时"、沉降观测等要求具备相应资质的咨询服务时，应具备与工程规模及委托内容等相适应的资质。

5.2.2 组织机构

全过程工程咨询服务企业应根据全过程工程咨询服务项目合同的能力要求，建立与之匹配的组织机构，满足全过程咨询服务的要求，具体组织机构要求应至少包括：人力资源部门、综合管理部门、全过程咨询项目管理部门、BIM部门（或人员）、财务部门（或人员）、造价部门（或人员）、招投标部门（或人员）、前期部门（或人员）、合同法务管理部门（或人员）、市场部门等。

（1）人力资源部门　人力资源部门是全过程咨询企业的人事职能部门，负责企业人力资源的总体规划、招聘、培训、人员岗位晋升等管理工作，为全过程咨询企业提供人力资源保障。

（2）综合管理部门　综合管理部门是全过程咨询企业日常行政管理职能部门，主要是负责企业的日常各项行政、企划、贯标等工作，为全过程咨询企业提供行政管理保障。

（3）全过程咨询项目管理部门　全过程咨询项目管理部门是全过程咨询企业的全过程咨询管理业务部门，也是全过程咨询企业的核心部门，主要负责全过程咨询企业的全过程咨询管理，是全过程咨询管理的牵头部门，为全过程咨询企业的工程全过程咨询服务提供保障。

全过程咨询管理部门作为全过程咨询企业的核心业务部门，也可以将BIM部门、合同法务管理部门、招投标部门、前期部门、造价部门作为项目管理部门的二级部门，若未成立BIM部门、合同法务管理部门、招投标部门、前期部门、造价部门，仅有相关人员，应将人员岗位编制在全过程咨询管理部门。

（4）BIM部门（或人员）　BIM部门是全过程咨询企业的模型及信息化建设的业务部门，主要负责全过程咨询企业工程全过程咨询建筑信息模型的绘制、信息化建设等，为全过程咨询企业的工程全过程咨询信息模型、信息化建设及基于BIM的全过程咨询服务提供保障。

（5）财务部门（或人员）　财务部门（或人员）是全过程咨询企业的财务管理工作职能部门，主要负责全过程咨询企业的财务管理工作，为全过程咨询企业的工程全过程咨询提供财务保障。

（6）造价部门（或人员）　造价部门（或人员）是工程全过程咨询企业的工程造价咨询业务部门，主要负责全过程咨询企业工程全过程咨询的估算、概算、预算、工程量清单及招标控制价、施工过程造价控制、结算、决算等工作，为全过程咨询企业的工程全过程造价咨询服务提供保障。

（7）招投标部门（或人员）　招投标部门（或人员）是工程全过程咨询企业招投标咨询业务部门，主要负责全过程咨询企业工程全过程咨询招标策划、招标组织、招标备案等相关技术及管理工作，为全过程咨询企业的工程全过程招投标咨询服务提供保障。

（8）前期部门（或人员）　前期部门（或人员）是全过程咨询企业前期咨询业务部门，主要负责全过程咨询企业工程全过程咨询决策、立项、可研、环评、水保、安评、职业卫生、融资、维稳、用地、规划、报批报建等工作，为全过程咨询企业的工程全过程前期咨询服务提供保障。

（9）合同法务管理部门（或人员）　合同法务管理部门（或人员）是全过程咨询企业合同及法务咨询部门，主要负责全过程咨询企业工程全过程咨询的合同相关咨询工作及本单位咨询合同的编制、审查、审定等工作，为全过程咨询企业的工程全过程合同法务咨询服务及本单位咨询合同管理提供保障。

（10）市场部门　市场部门是全过程咨询企业市场开发的职能部门，主要负责全过程咨询企业的全过程咨询业务市场开发、业务承揽、合同签订等市场工作，是全过程咨询企业的核心职能部门，为全过程咨询企业的工程全过程咨询业务承揽提供保障。

5.2.3　服务团队

全过程工程咨询服务企业各相关部门是整个企业的分支团队，各个分支团队若均能发挥主观能动性去处理公司全过程咨询相关工作并主动融入整个全过程咨询管理的大团队，才能使得全过程工程咨询服务顺利开展，得以完成全过程工程咨询工作，故应根据全过程工程咨询要求进行服务团队建设，服务团队建设可通过内部培养和外部招聘实现。

（1）内部培养　全过程咨询企业咨询服务业务团队的建设可按照全过程咨询服务内容的要求，通过企业内部人员"传""帮""带"及"比""学""赶""帮""超"进行培养，也可以通过组织人员到国内外专业的培训机构学习进行培养，还可以通过将企业需培养的人员安排到其他业务能力强的咨询企业工作学习进行培养，从而实现咨询业务团队建设，为公司全过程咨询的发展提供可靠的内部能量。

（2）外部招聘　当全过程咨询企业咨询服务业务团队人员能力不能满足全过程咨询业务要求时，人员流动导致人员数量不足时，且通过内部培养不能达到要求或通过内部培养时间上不允许时，可通过外部招聘实现咨询业务团队建设，为公司全过程咨询提供可靠的技术储备和保障。

当全过程咨询企业因业务规模扩大或人员流动导致职能团队人员不足时，且通过内部培养不能达到要求或通过内部培养时间上不允许时，可通过外部招聘实现职能团队建设，为公司全过程咨询提供可靠的支撑。

当全过程咨询企业发展到一定规模后，应积极招聘吸收国际化人才、复合型人才，构建网络型组织，逐步形成全过程咨询全球化服务能力。

5.2.4　服务体系、服务标准及服务合同

全过程工程咨询服务企业应实现管理制度化、规范化，服务流程化、标准化、科学化。故针对全过程工程咨询企业应加强服务体系、服务标准建设，至少应包括咨询人员岗位职责、咨询工作流程、咨询工作相关制度等。

为保障合同各方的合法权益，全过程咨询企业应编制咨询合同示范文本，用于咨询合同的签订。

5.2.5　企业文化

企业文化包括物质文化、行为文化、制度文化、核心文化等，可以可增强企业的凝聚力、向心力，激励员工开拓创新、建功立业的斗志等。企业文化建设是指企业文化相关理念的形成、塑造、传播等过程，具体可通过张贴宣传、树先进典型、网站建设、思想小结、外出参观学习、权威宣讲、创业发展历史、引进新文化、企业文化培训等进行建设。

5.2.6 信息化

信息化是指运用 BIM 平台、基建 MIS 系统、OA 系统等办公及工程管理系统将信息集成，并根据信息运用系统进行全过程咨询管理。信息化建设可减少人员的无效沟通，增强工程管理效率。

5.2.7 廉政

工程建设行业是贪腐高发行业，全过程咨询是工程建设行业的范畴，应对全过程咨询企业的相关负责人及达到一定职位的管理人员进行廉政警示教育，并签订廉政协议书或廉政承诺书。

5.3 全过程咨询项目组织的定义

全过程咨询企业为执行全过程咨询服务合同，根据合同服务内容，由公司各职能部门抽调精干力量，经全过程咨询企业发布红头文件成立并任命组织人员所组建的临时业务部门。全过程咨询项目组织，亦可称咨询项目管理部。

5.4 全过程咨询项目人员能力要求

全过程咨询人员包括咨询项目负责人、专业咨询工程师、行政人员等，由咨询项目负责人统一领导，代表咨询企业执行咨询合同。全过程管理咨询人员应品行端正，为人正直，能够全心全意为委托方及本人所在的咨询公司服务，有为委托方着想、为工作单位争光的思想，并在咨询工作中能够做到公平、公正，运用个人能力为工程管理服务。

5.4.1 咨询项目负责人

咨询项目负责人应具备如下能力：

（1）专业技术能力　全过程管理咨询项目负责人应是某一专业的专家型人才，并熟知各专业间如何衔接管理，并对其他专业有一定的认识与理解。

（2）管理能力　全过程管理咨询项目负责人应具有很强的管理能力，可以运用管理学来管理本部门人员及各参建单位人员，并具有工程项目管理的统筹管理能力。

（3）沟通能力　全过程管理要沟通本单位人员及部门，还要沟通各参建单位人员，故应有一定的沟通能力及讲话艺术。

（4）工作经历及学历要求　因全过程管理需知悉项目全过程的工作内容，故全过程咨询项目负责人应具有统招大学本科以上学历，10年以上工程管理经历；或统招大学专科以上学历，15年以上工程管理经历，至少经历过一个建设单位项目负责人的全过程管理工作经历，最好有施工单位的工作经历且做到一定的管理岗位。

（5）执业资格及职业资格　大中型工程的全过程工程咨询项目负责人应取得工程建设类相应注册执业资格或具有工程类、工程经济类高级职称，并具有类似工程经验。中小型工程的全过程工程咨询项目负责人应取得工程建设类相应注册执业资格或具有工程类、工程经济类中级职称，并具有类似工程经验。

工程的全过程工程咨询负责人也可以根据其工作经历，向委托单位上报简历，经委托单位面试合格，由所服务的咨询企业任命，不受执业资格和职业资格的限制。

5.4.2 专业咨询工程师

（1）专业技术能力　全过程管理专业咨询工程师应熟悉本专业相关规范，具有本专业的质量控制、成本控制、进度控制、安全管理、信息管理及与其他专业组织协调管理等工程管理能力。

（2）沟通能力　全过程管理专业咨询工程师要沟通本部门人员，还要沟通各参建单位人员，故应有一定的沟通能力及讲话艺术。

（3）工作经历及学历要求　全过程管理专业咨询工程师应具有统招大学本科以上学历，5年以上工程管理经历；或统招大学专科以上学历，7～8年以上工程管理经历，最好既具有建设单位工程管理经历又具有施工单位工程管理经历，且具有完整项目的工程管理经历。

（4）执业资格及职业资格　全过程管理专业咨询工程师最好取得工程建设类相应注册执业资格或具有工程类、工程经济类高级职称，并具有类似工程经验。

5.4.3 行政人员

（1）专业技术能力　全过程管理行政人员应熟悉全过程咨询行政管理，具备全过程行政管理的能力。

（2）沟通能力　全过程管理行政人员要沟通本部门人员及公司行政人员，还要沟通各参建单位的行政人员，故应有一定的沟通能力及讲话艺术。

（3）工作经历及学历要求　全过程管理行政人员应具有统招大学专科以上学历，3年以上工程管理行政人员工作经历。

第6章 全过程工程咨询项目管理

全过程工程咨询服务项目管理坚持以人为本，以提高工程质量、保障安全生产为基点，全面落实项目管理责任制，推进绿色建造与环境保护，与工程设计等咨询服务团队紧密协调合作，采用绿色设计，在项目实施过程中优先选用绿色技术、建材、机具和施工方法，促进科技进步与管理创新，实现建设工程项目的最佳效益。

全过程工程咨询项目管理服务工作团队主要负责开展及执行项目管理服务，并配合全过程工程咨询其他阶段服务的工作团队开展工作，如配合项目策划服务团队完成项目建设主管部门的报审工作；配合工程设计服务团队，对设计文件进行审核并对图纸进行优化建议；配合招标代理服务团队，对承包商投标文件中施工技术方案进行评估并做出评估意见；配合造价咨询团队，在项目的实施过程中对涉及工程变更等引起工程造价增减的事项提供相关现场管理资料等。项目管理服务的主要工作内容有采购管理、招标管理、合同管理、设计管理、进度管理、质量管理、成本管理、安全生产管理、资源管理、信息管理、风险管理、收尾管理等。

6.1 采购管理

采购管理是对项目的前期策划、勘察、设计、施工、监理、供应等产品和服务的获得工作进行的计划、组织、指挥、协调和控制等活动。

6.2 招标管理

6.2.1 一般规定

（1）全过程工程咨询单位应组织建立招标管理制度，确定招标流程和实施方式，规定管理与控制的程序和方法。

（2）全过程工程咨询单位在招标阶段需要管理的内容包括：对项目招标策划和实施流程进行管理；审核招标条件；审核招标公告、招标文件。

（3）招投标工作应符合有关合同、设计文件所规定的技术、质量和服务标准。符合进度、安全、环境和成本管理要求，全过程工程咨询单位应确保实施过程符合法律、法规及地方管理规定等要求。

6.2.2 招标策划

（1）全过程工程咨询单位依据有关法律法规、项目可行性研究报告、全过程工程咨询合同及有关文件等组织招标策划，招标策划应包括下列内容：招标模式及合同模式的选择，标段划分，总承包与专业分包之间、各专业分包之间、各标段之间的界面划分，拟采用的合同范本等。

（2）招标策划应考虑项目的类型、规模及复杂程度、进度要求、投资人的参与程度、市场竞争状况、相关风险等因素。

（3）招标策划应在项目招标采购阶段开始之前完成。对于投资规模大、建设期长、对于社会经济影响深远的项目，宜从项目决策阶段开始。

（4）招标策划应遵循有利于充分竞争、控制造价、满足项目建设进度要求以及招投标工作顺利有序的原则进行。

（5）招标策划应经过相关部门审核，并经投资人批准后实施。必要时，招标策划应按规定进行变更。

6.2.3 招标文件

（1）全过程工程咨询单位按照国家现行的有关规定和标准、规范、示范文本等编制招标文件时，应结合招标项目的特点和需要编制招标文件。招标文件应当包括招标项目的技术要求、对投标人资格审查的标准、投标报价的要求和评标标准等所有实质性要求和条件以及拟签订合同的主要条款。

（2）招标文件审核的主要内容包括：
① 招标范围是否准确；
② 投标人的资格要求是否符合相关法规规定、项目本身的特点和需求；
③ 技术与质量标准、技术要求、进度要求是否满足项目要求；
④ 招投标活动的进度安排是否满足整体项目进度计划要求；
⑤ 所附的合同条款是否满足投资人和项目的目标要求；
⑥ 评标方法是否符合科学、公平、合理的要求，是否符合项目性质。

6.2.4 工程量清单

（1）项目工程量清单应依据相关工程量清单计量标准编制。全部使用国有资金投资或者以国有资金投资为主的项目，应当采用工程量清单计价和行业相关规程规定。非国有资金投资的项目，鼓励采用工程量清单计价。

（2）全过程工程咨询单位按照现行的国家《建设工程工程量清单计价规范》（GB 50500—2013）编制工程量清单时，如遇现行计算规范未规定的项目，可按补充项目进行编制。

（3）审核工程量清单时，注意审核图纸说明和各项选用规范是否符合技术要求，并审核工程量清单中对主要设备的型号、规格、品牌等要求是否符合要求，重点关注界面划分，是否有漏项或是对造价有重大影响的子目等。

6.2.5 最高投标限价

（1）最高投标限价的工程量应依据招标文件发布的工程量清单确定，最高投标限价的单价应采用综合单价，其综合单价应包括人工费、材料费、机械费、管理费、利润、规费和税金。

（2）全过程工程咨询单位编制的最高投标限价应客观反映市场真实价格，不得随意提高或降低。

（3）全过程工程咨询单位应将最高投标限价与对应的单项工程综合概算或单位工程概算进行对比，出现实质性偏差时应告知投资人并进行相应调整。

（4）最高投标限价的编制与审核应符合现行的相关标准规范规程等要求。

6.2.6 招标过程管理

（1）全过程工程咨询单位按照《中华人民共和国招标投标法》和《中华人民共和国招标投标法实施条例》等法律法规规定的程序，遵循公开、公平、公正和诚实守信的原则，完成项目的招标过程管理。

（2）全过程工程咨询单位应针对项目的需要，组织专业咨询工程师在开标后、评标前，对投标报价进行分析，对需要清标的项目编制清标报告成果文件。清标报告应包括清标报告封面、清标报告的签署页、清标报告编制说明、清标报告正文及相关附件。清标报告正文宜阐述清标的内容、清标的范围、清标的方法、清标的结果和主要问题等。

（3）全过程工程咨询单位须根据项目实际情况，依据现行的合同示范文本，科学合理拟订项目合同条款。

6.3 合同管理

6.3.1 一般规定

（1）建立全过程工程咨询服务合同管理制度，明确合同管理责任，设立专门机构或人员负责合同管理工作。

（2）配备全过程工程咨询服务合同管理人员，实施合同的策划和编制活动，规范全过程工程咨询服务合同管理的实施程序和控制要求，确保合同订立和履行过程的合规性。

（3）全过程工程咨询服务合同管理应遵循下列程序：合同评审→合同订立→合同实施计划→合同实施控制→合同管理总结。

（4）全过程工程咨询服务合同中的部分工作，可以分包给有相应资质单位完成。

（5）采用集成化的合同体系策划和设计，应注意：

① 各个合同的起草和签订应在符合工程总目标前提下，同时符合阶段性目标的要求。合同各方在对合同统一认识、正确理解的基础上，就工程的总目标达成共识。应体现工程的社会和历史责任，强化对"健康－安全－环境"管理和工程运行功能的要求。

② 注重全过程工程咨询服务机构内部关系的协调和合同界面，减少合同界面的漏洞。在一体化咨询服务提供商中，明确内部的协调关系；在联合体合同中，明确各咨询服务的整体责任。

③ 注重工程咨询合同与施工合同、供应合同的内在联系，使其一体化，如咨询机构提供早期预警。

④ 应体现现代信息技术在工程中的应用，促进工程参加者各方面共同工作平台的构建和无纸化管理的实现。

6.3.2 合同评审

合同订立前应进行合同评审，完成对合同条件的审查、认定和评估工作。以招标方式订立合同时，应对招标文件和投标文件进行审查、认定和评估。

6.3.3 合同订立

项目管理团队应协助委托人依据合同评审和谈判结果，按程序和规定订立合同；合同订立后应在规定期限内办理备案手续。

6.3.4 合同实施计划

项目管理团队应规定合同实施工作程序，编制合同实施计划。

6.3.5 合同实施控制

（1）合同实施前，合同谈判人员及合同起草人员应对全过程工程咨询项目管理团队的其他负责项目实施管理的成员构进行合同交底。

（2）全过程工程咨询项目管理团队应按规定实施合同变更的管理工作，将变更文件和要求传递至相关人员。

（3）全过程工程咨询服务机构应控制和管理合同中止行为。

（4）全过程工程咨询服务机构应按照规定实施合同索赔的管理工作。

（5）合同实施过程中产生争议时，全过程工程咨询项目管理团队负责人，应及时向本项目全过程工程咨询总负责人汇报，并协助总负责人及时向委托人汇报，建议解决争议的方案及措施，并按照委托人最终批准的解决方案具体执行。

6.3.6 合同管理总结

（1）全过程工程咨询项目管理团队应进行项目合同管理评价，总结合同订立和执行过程中的经验和教训,提出总结报告。

(2)合同总结报告应包括下列内容:

① 合同订立情况评价;

② 合同履行情况评价;

③ 合同管理工作评价;

④ 对全过程工程咨询服务有重大影响的合同条款评价;

⑤ 其他经验和教训。

6.4 设计管理

6.4.1 设计管理划分阶段

(1)项目方案设计阶段;
(2)项目初步设计阶段;
(3)项目施工图设计阶段;
(4)项目施工阶段;
(5)项目竣工验收阶段;
(6)项目后评价。

6.4.2 方案策划阶段

项目管理团队应依据项目需求和相关规定会同设计团队,明确设计策划,实施项目设计、验证、评审和确认活动;组织设计团队编写设计报审文件,并审查设计人提交的设计成果,提出设计评估报告。

6.4.3 方案设计阶段

项目管理团队配合工程设计团队明确设计范围、划分设计界面、设计招标工作、确定项目设计方案、完成项目方案设计任务。

6.4.4 初步设计阶段

项目管理团队应要求工程设计团队完成项目初步设计任务、配合造价咨询服务团队完成设计概算;对初步设计内容实施评审工作,并给出评估意见。

6.4.5 施工图设计阶段

项目管理团队应根据初步设计要求,组织项目管理专业工程师对施工图进行审查并提出图纸优化意见,建立设计文件收发管理制度和流程。

6.4.6 施工阶段

项目管理团队应审核施工组织设计,组织设计交底、设计变更控制和深化设计,根据施工需求组织或实施设计优化工作,组织关键施工部位的设计验收管理工作。

6.4.7 竣工验收阶段

项目管理团队应组织项目设计负责人参与项目竣工验收工作，并按照约定要求工程设计团队对设计文件进行整理及归档。

6.4.8 后评价阶段

项目管理团队组织设计团队针对项目决策至项目竣工阶段设计工作进行总结，对项目设计管理绩效开展后评价工作。

6.5 进度管理

6.5.1 一般规定

（1）项目管理团队应建立全过程工程咨询服务进度管理制度，明确进度管理程序，规定进度管理职责及工作要求。

（2）全过程工程咨询项目管理服务进度管理应遵循下列程序：

① 编制进度计划；
② 进度计划交底，落实管理责任；
③ 实施进度计划；
④ 进行进度控制和变更管理。

6.5.2 进度计划

（1）全过程工程咨询服务进度计划编制依据应包括下列主要内容：

① 合同文件和相关要求；
② 全过程工程咨询服务管理规划文件；
③ 资源条件、内部与外部约束条件（政府相关审批流程时间）；
④ 全过程工程咨询项目管理团队应根据本项目由全过程工程咨询总负责人发布的且得到委托人确认的总体进度计划，编制项目管理的各项进度计划。

（2）编制进度计划应遵循下列步骤：

① 确定进度计划目标；
② 进行工作结构分解与工作活动定义；
③ 确定工作之间的顺序关系；
④ 估算各项工作投入的资源；
⑤ 估算工作的持续时间；
⑥ 编制进度图（表）；
⑦ 编制资源需求计划；
⑧ 审批并发布。

（3）全过程工程咨询项目管理进度计划实施前，应由负责人向执行者交底、落实进度责任；进度计划执行者应制定实施计划的措施。

6.5.3 进度控制

（1）全过程工程咨询服务进度控制应遵循下列步骤：
① 熟悉进度计划的目标、顺序、步骤、数量、时间和技术要求；
② 实施跟踪检查，进行数据记录与统计；
③ 将实际数据与计划目标对照，分析计划执行情况；
④ 采取纠偏措施，确保各项计划目标实现。

（2）对项目策划、工程设计、造价咨询、招标代理、工程监理需要进行的协调管理，全过程工程咨询项目管理团队应确保进度工作界面的合理衔接，使协调工作符合提高效率和效益的需求。

（3）全过程工程咨询项目管理团队的进度控制过程应符合下列规定：
① 将关键线路上的各项活动过程和主要影响因素作为进度控制的重点；
② 对进度有影响的相关方的活动进行跟踪协调。

6.5.4 进度变更管理

（1）全过程工程咨询项目管理团队应根据进度管理报告提供的信息，纠正进度计划执行中的偏差，对进度计划进行变更调整。

（2）当采取措施后仍不能实现原目标时，全过程工程咨询项目管理团队应变更进度计划，并报本项目全过程工程咨询总负责人审批，并配合全过程工程咨询总负责人与委托人进行汇报讨论，以便获得最终的批准。

（3）全过程工程咨询项目管理团队进度计划的变更控制应符合下列规定：
① 调整相关资源供应计划，并与相关方进行沟通；
② 变更计划的实施应与全过程工程咨询服务管理规定及相关合同要求一致。

6.6 质量管理

6.6.1 一般规定

（1）根据需求制定全过程工程咨询服务质量管理和质量管理绩效考核制度，配备质量管理资源。

（2）全过程工程咨询服务质量管理应坚持缺陷预防的原则，按照策划、实施、检查、处置的循环方式进行系统运作。

（3）全过程工程咨询项目管理团队应通过对人员、机具、材料、方法、环境要素的全过程管理，确保工程质量满足质量标准和相关方要求。

（4）全过程工程咨询服务质量管理应按下列程序实施：
① 确定质量计划；
② 实施质量控制；
③ 开展质量检查与处置；
④ 落实质量改进。

6.6.2 质量计划

（1）全过程工程咨询项目管理质量计划应在项目管理策划过程中编制。全过程工程咨询服务质量计划作为对外质量保证和对内质量控制的依据，体现项目全过程质量管理要求。

（2）全过程工程咨询服务质量计划应包括下列内容：

① 质量目标和质量要求；
② 质量管理体系和管理职责；
③ 质量管理与协调的程序；
④ 法律法规和标准规范；
⑤ 质量控制点的设置与管理；
⑥ 项目生产要素的质量控制；
⑦ 实施质量目标和质量要求所采取的措施；
⑧ 项目质量文件管理。

（3）全过程工程咨询服务质量计划应报本项目全过程工程咨询总负责人审批及批准。全过程工程咨询服务质量计划需修改时，应按原批准程序报批。

6.6.3 质量控制

全过程工程咨询项目管理团队应在质量控制过程中，跟踪、收集、整理实际数据，与质量要求进行比较，分析偏差，采取措施予以纠正和处置，并对处置效果复查。

6.6.4 质量检查与处置

全过程工程咨询项目管理团队应根据全过程工程咨询服务管理策划要求实施检验和监测，并按照规定配备检验和监测设备。

6.6.5 质量改进

全过程工程咨询服务项目管理团队应定期对项目质量状况进行检查、分析、明确质量状况、落实质量改进措施。

6.7 安全生产管理

6.7.1 一般规定

（1）全过程工程咨询项目管理团队应督促及管理各施工单位建立安全生产管理制度，坚持以人为本、预防为主，确保项目处于本质安全状态。

（2）全过程工程咨询项目管理团队应督促及管理各施工单位根据有关要求确定安全生产管理方针和目标，建立全过程工程咨询服务安全生产责任制度，健全职业健康安全管理体系，改善安全生产条件，实施安全生产标准化建设。

6.7.2 安全生产管理计划

（1）全过程工程咨询项目管理安全生产管理计划应满足事故预防的管理要求，符合下列规定：

① 组织勘察设计等单位在施工招标文件中，列出危大工程清单，在申请办理安全监督手续时，应当提交危大工程清单及安全管理措施等资料；

② 针对项目危险源和不利环境因素进行辨识与评估的结果，确定对策和控制方案；

③ 要求施工单位对危险性较大的分部分项工程编制专项施工方案；

④ 对项目安全生产管理、教育和培训提出要求；

⑤ 对项目安全生产交底、有关分包人制定的项目安全生产方案进行控制的措施；

⑥ 应急准备与救援预案。

（2）明确相关过程的安全管理接口，进行设计、采购、施工、试运行过程安全生产的集成管理。

6.7.3　安全生产管理实施与检查

（1）项目管理团队应督促施工单位根据项目安全生产管理计划、安全管理措施方案及专项施工方案的要求，分级进行安全技术交底；对安全生产管理计划进行补充、调整时，仍应按原审批程序执行。

（2）项目管理团队应督促施工单位建立安全生产档案，积累安全生产管理资料，利用信息技术分析有关数据辅助安全生产管理。

（3）全面掌握项目的安全生产情况，进行考核和奖惩，对安全生产状况进行评估。

6.7.4　安全生产应急响应与事故处理

（1）识别可能的紧急情况和突发过程的风险因素，编制应急准备与响应预案。

（2）对应急预案进行专项演练，对其有效性和可操作性实施评价并修改完善。

（3）发生安全生产事故时，启动应急准备与响应预案，采取措施进行抢险救援，防止发生二次伤害。

（4）在事故应急响应的同时，应按规定上报上级和地方主管部门，及时成立事故调查组对事故进行分析，查清事故发生原因和责任，进行全员安全教育，采取必要措施防止事故再次发生。

（5）在事故调查分析完成后进行安全生产事故的责任追究。

6.8　资源管理

6.8.1　一般规定

全过程工程咨询项目管理的资源管理应遵循下列程序：

（1）明确项目的资源需求；

（2）分析项目整体的资源状态；

（3）审核承包商提交资源的各种提供方式；

（4）审核承包商编制资源的相关配置计划；

（5）监督承包商提供并配置各种资源；

（6）监督承包商项目资源的使用过程；
（7）跟踪分析并总结改进。

6.8.2　人力资源管理

（1）全过程工程咨询项目管理团队应审核承包商编制的人力资源需求计划、人力资源配置计划和人力资源培训计划。

（2）全过程工程咨询项目管理团队审核及管理的目的是确保承包商人力资源的选择、培训和考核符合项目目标实现及项目管理需求。

6.8.3　劳务管理

全过程工程咨询服务项目管理团队应审核承包商编制劳务需求计划、劳务配置计划和劳务人员培训计划。

6.8.4　工程材料与设备管理

（1）全过程工程咨询服务项目管理团队应督促及监督承包商编制工程材料与设备的需求计划和使用计划。

（2）全过程工程咨询服务项目管理团队应督促及监督承包商确保材料和设备供应单位选择、采购供应合同订立、出厂或进场验收、储存管理、使用管理及不合格品处置等符合规定要求。

6.8.5　施工机具与设施管理

（1）全过程工程咨询服务项目管理团队应督促及监督承包商编制项目施工机具与设施需求计划、使用计划和保养计划。

（2）全过程工程咨询服务项目管理团队应根据项目的需要，督促及监督承包商进行施工机具与设施的配置、使用、维修和进退场管理。

（3）全过程工程咨询服务项目管理团队应监督投入使用过程的施工机具与设施性能和状态合格，并定期进行维护和保养，形成运行使用记录。

6.8.6　资金管理

（1）全过程工程咨询服务机构应督促及监督业主与承包商编制项目资金需求计划、收入计划和使用计划。

（2）全过程工程咨询项目管理团队应督促及监督业主与承包商进行资金使用分析，对比计划收支与实际收支，找出差异，分析原因，改进资金管理。

6.9　信息管理

6.9.1　一般规定

（1）信息管理应符合下列规定：
① 应满足全过程工程咨询服务管理要求；

② 信息格式应统一、规范；
③ 应实现信息效益最大化。
（2）信息管理应包括下列内容：
① 信息计划管理；
② 信息过程管理；
③ 信息安全管理；
④ 文件与档案管理；
⑤ 信息技术应用管理。
（3）全过程工程咨询服务机构应根据实际需要设立信息与知识管理岗位，配备熟悉全过程工程咨询服务管理业务流程，并经过培训的人员担任信息与知识管理人员，开展全过程工程咨询服务的信息与知识管理工作。
（4）全过程工程咨询服务机构可应用项目信息化管理技术，采用专业信息系统，实施知识管理。

6.9.2 信息管理计划

（1）全过程工程咨询服务信息管理计划应纳入项目管理策划过程。
（2）全过程工程咨询服务信息管理计划应包括下列内容：
① 项目信息管理范围；
② 项目信息管理目标；
③ 项目信息需求；
④ 项目信息管理手段和协调机制；
⑤ 项目信息编码系统；
⑥ 项目信息渠道和管理流程；
⑦ 项目信息资源需求计划；
⑧ 项目信息管理制度与信息变更控制措施。
（3）全过程工程咨询服务信息管理制度应确保信息管理人员以有效的方式进行信息管理，信息变更控制措施应确保信息在变更时进行有效控制。

6.9.3 信息过程管理

（1）信息过程管理应包括：信息的采集、传输、存储、应用和评价过程。
（2）全过程工程咨询服务机构应按信息管理计划实施下列信息过程管理：
① 与项目有关的自然信息、市场信息、法规信息、政策信息；
② 项目利益相关方信息；
③ 项目内部的各种管理和技术信息。
（3）全过程工程咨询服务机构应建立相应的数据库，对信息进行存储。项目竣工后应保存和移交完整的项目信息资料。

6.9.4 信息安全管理

（1）全过程工程咨询服务信息安全应分类、分级管理，并采取下列管理措施：

① 设立信息安全岗位，明确职责分工；
② 实施信息安全教育，规范信息安全行为；
③ 采用先进的安全技术，确保信息安全状态。
（2）应实施全过程信息安全管理，建立完善的信息安全责任制度，实施信息安全控制程序，并确保信息安全管理的持续改进。

6.9.5 文件与档案管理

（1）项目管理团队应配备专职或兼职的文件与档案管理人员。
（2）全过程工程咨询服务管理过程中产生的文件与档案均应进行及时收集、整理，并按项目的统一规定标识，完整存档。
（3）全过程工程咨询服务文件与档案管理宜应用信息系统，重要项目文件和档案应有纸介质备份。

6.9.6 信息技术应用管理

（1）全过程工程咨询服务信息系统应包括项目所有的管理数据，为用户提供项目各方面信息，实现信息共享、协同工作、过程控制、实时管理。
（2）全过程工程咨询服务信息系统宜基于互联网并结合下列先进技术进行建设和应用：建筑信息模型、云计算、大数据、物联网。

6.10 收尾管理

6.10.1 一般规定

全过程工程咨询服务机构应实施下列项目收尾工作：
（1）编制项目收尾计划；
（2）提出有关收尾管理要求；
（3）理顺、终结所涉及的对外关系；
（4）执行相关标准与规定；
（5）清算合同双方的债权债务。

6.10.2 竣工验收

（1）全过程工程咨询服务项目管理团队应编制工程竣工验收计划，经批准后执行。工程竣工验收计划应包括下列内容：
① 工程竣工验收工作内容；
② 工程竣工验收工作原则和要求；
③ 工程竣工验收工作职责分工；
④ 工程竣工验收工作顺序与时间安排。
（2）要求、组织、程序、标准、文档的整理和移交，必须符合国家有关标准和规定及本

项目的合同约定。

6.10.3 保修期管理

（1）项目管理团队应制定工程保修期管理制度。

（2）项目管理团队应督促承包人根据保修合同文件、保修责任期、质量要求、回访安排和有关规定编制保修工作计划，保修工作计划应包括下列内容：

① 主管保修的部门；

② 执行保修工作的责任者；

③ 保修与回访时间；

④ 保修工作内容。

6.10.4 全过程工程咨询服务管理总结

（1）在全过程工程咨询服务管理收尾阶段，全过程工程咨询服务机构应进行项目总结，编写项目总结报告，纳入项目档案。

（2）全过程工程咨询服务管理总结依据宜包括下列内容：

① 全过程工程咨询服务策划相关报告；

② 全过程工程咨询服务管理策划；

③ 全过程工程咨询服务管理目标；

④ 全过程工程咨询服务合同文件；

⑤ 全过程工程咨询服务管理规划；

⑥ 全过程工程咨询服务工程设计文件；

⑦ 全过程工程咨询服务工程监理文件；

⑧ 全过程工程咨询服务招标代理文件；

⑨ 全过程工程咨询服务造价咨询文件；

⑩ 全过程工程咨询服务合同收尾资料；

⑪ 全过程工程咨询服务工程收尾资料；

⑫ 全过程工程咨询服务的有关管理标准。

（3）全过程工程咨询服务管理总结报告应包括下列内容：

① 全过程工程咨询服务策划相关报告的执行总结；

② 全过程工程咨询服务管理策划总结；

③ 全过程工程咨询服务合同管理总结；

④ 全过程工程咨询服务管理规划总结；

⑤ 全过程工程咨询服务工程设计管理总结；

⑥ 全过程工程咨询服务工程监理总结；

⑦ 全过程工程咨询服务项目管理总结；

⑧ 全过程工程咨询服务招标代理总结；

⑨ 全过程工程咨询服务造价咨询总结；

⑩ 全过程工程咨询服务管理目标执行情况；

⑪ 全过程工程咨询服务管理经验与教训。

（4）全过程工程咨询服务管理总结完成后，应进行下列工作：

① 在适当的范围内发布全过程工程咨询服务总结报告；

② 兑现在全过程工程咨询服务管理目标责任书中对管理机构的承诺；

③ 根据岗位责任制和部门责任制对职能部门进行奖罚。

第 7 章

投资决策阶段综合性咨询

7.1 项目建议书

（1）项目建议书编制前应根据项目情况配置与之相适应的人员。
（2）编制过程中相关编制人员应每天沟通相关内容的协调性、一致性。
（3）编写完成后应进行交叉审查，进行查漏补缺，使得项目建议书更加完善。
（4）编写成册后，应组织内部专家对项目建议书进行预评审。
（5）项目建议书编制人员根据内部专家预评审意见进行修改。
（6）经内部专家预评审后电子版发送至发改委专家进行预评审。
（7）收集专家意见，融汇专家建议，按照专家建议修改并沟通相关内容的协调性、一致性。
（8）修改完成后，选定合适的时间进行召开专家评审会，全过程咨询企业参加编制的人员、内部专家均应参加评审会，对项目建议书进行最终评审，若不存在异议，装订成册进行报批，若存在异议，按照专家评审意见修改后报批。
（9）项目建议书编制应特别注意项目建设必要性的论述，应阐明项目所在地区国民经济和社会发展规划及区域规划中的地位与作用，论证项目建设的必要性；根据地区国民经济发展规划和建设项目任务要达到的目标，在产业发展规划和相关规划的基础上，进行必要的补充调查研究工作，对所在地区功能基本相同的项目方案进行综合分析比较，阐明各项目方案的优缺点，论述推荐本项目的理由。
（10）对项目目标及功能的定位，是项目投资策划咨询和开发建设的一项重要工作，在项目建议书编制阶段应准确将目标及功能定位。

（11）对投资项目的目标、功能、范围以及项目涉及的各主要因素及大体轮廓的设想与初步界定是在方案构想阶段应明确。

（12）投资估算及资金筹措篇章应将投资估算的估算价做足，保证工程投资估算值大于可行性研究的概算值。

（13）项目建议书至少应包括如下内容：

① 项目建设的必要性和任务；
② 项目的建设条件；
③ 项目初步建设方案；
④ 环境影响初步评价；
⑤ 项目管理实施方案；
⑥ 投资估算及资金筹措；
⑦ 经济初步评价；
⑧ 社会初步评价；
⑨ 结论与建议。

7.2 可行性研究

（1）可行性研究编制前应根据项目情况配置与之相适应的人员。

（2）编制过程中相关编制人员应每天沟通相关内容的协调性、一致性。

（3）编写完成后应进行交叉审查，进行查漏补缺，使得可行性研究报告更加完善。

（4）编写成册后，应组织内部专家对可行性研究报告进行预评审。

（5）可行性研究报告编制人员根据内部专家预评审意见进行修改。

（6）经内部专家预评审后电子版发送至发改委专家进行预评审。

（7）收集专家意见，融汇专家建议，按照专家建议修改并沟通相关内容的协调性、一致性。

（8）修改完成后，选定合适的时间进行召开专家评审会，全过程咨询企业参加编制的人员、内部专家均应参加评审会，对可行性研究最终评审，若不存在异议，装订成册进行报批，若存在异议，按照专家评审意见修改后报批。

（9）可行性研究报告编制依据应能反映立项报告、规范、标准等的可靠性及时效性和资料、信息的充足性及其广度、数量的支持性。

（10）项目提出的理由和过程应以符合项目本身及投资效益和区域、行业发展、城市规划几方面为重点来说明项目建设的理由是充分、合理的，从而说明项目建设的必要性；应以能满足项目建设的主要建设条件为重点来说明项目建设的可能性；应从技术、工程、经济、环境等方案为重点来说明项目建设的可行性。

（11）建设规模方案比选所表述的内容应成为确定项目技术、设备、工程、原材料等方案及投资估算的依据。应提出两个以上方案以表格形式表示且应涵盖：

① 总规划面积、总建筑面积、总占地面积、容积率、建筑密度、建筑层数、建筑总高、绿化率、硬化率、停车泊位；
② 使用功能、使用人数、床位数、班级容量、藏书量；

③ 建筑等级、结构型式、建筑设计使用年限；
④ 节能效果；
⑤ 施工难易程度、建筑材料供应；
⑥ 设备采购；
⑦ 对经济性等内容进行比选。

（12）推荐建设规模方案应符合法律、法规、政策、标准、环境、社会的要求；消防、人防及城市规划的要求；使用、节能、可持续发展的要求；经济、安全的要求；技术、施工的要求。

（13）建设场地应说明地点与地理位置、土地权属类别及占地面积、地形、地貌、工程地质、水文地质、周边建筑物与环境、城市规划或区域性规划、道路与交通、环境保护、法律支持、公共设施、征地拆迁、施工场地、建设条件比选、投资条件比选等相关场地情况。

（14）投资估算与资金筹措一般应采用指标估算法，工业与民用建筑物或构筑物的一般土建及装修、给排水、采暖、通风、照明等工程费用，应以建筑面积或体积为单位，依据相应专业的投资估算指标或参考已建成的相近规模和建设标准工程的造价结算资料，并考虑价格变化因素进行估价；对投资有较大影响的单项工程或无适当估算指标或相近规模和建设标准工程造价结算资料的工程，应根据方案设计图纸计算主体工程实物工程量及主要设备材料数量，依据综合定额或概算定额进行估价；工程建设其他费用应根据国家或当地现行工程计价规定估价。

（15）可行性研究报告至少应包括如下内容：
① 总论；
② 需求分析与建设规模；
③ 场地选择；
④ 建筑方案；
⑤ 节能、节水、节电；
⑥ 环境影响评价；
⑦ HSE 及消防；
⑧ 组织机构与人力资源配置；
⑨ 项目实施进度；
⑩ 招标采购；
⑪ 投资估算与资金筹措；
⑫ 财务评价；
⑬ 社会评价；
⑭ 研究结论与建议；
⑮ 附件、附图、附表。

7.3 水土保持

（1）当因建设工程的实施造成水土流失时应按照《中华人民共和国水土保持法》编制水土保持方案报告书或水土保持方案报告表，水土保持方案报告书或水土保持方案报告表应满足水土保持要求，并经过专家论证后，经水行政主管部门批复后在实施阶段实施。

（2）全过程咨询单位应配置相应的水土保持相关人员编制水土保持方案，并按照水土保持"三同时"的要求在工程全过程监督实施。

（3）具体的水土保持相关要求，各省、自治区、直辖市略有不同，具体执行时还应依照当地水行政主管部门要求执行，满足水土保持"三同时"的要求。

（4）水土保持方案的编制应实事求是，应充分考虑方案的可实施性、可操作性，避免出现方案完美，容易通过审批，但按照方案执行实施难度非常大的方案。

7.4 交通影响评价

（1）当建设工程项目的规模达到交通影响评价的启动阈值时，应编制交通影响评价报告，并经交通行政主管部门审批。

（2）全过程咨询单位应配置相应的交通影响评价相关人员编制交通影响评价报告。

（3）交通影响评价报告编制前应进行相关的调查，并收集相关资料。

7.5 环境影响评价

（1）根据《中华人民共和国环境影响评价法》和《建设项目环境影响评价分类管理名录》的相关规定，对于可能造成重大环境影响的，应当编制环境影响报告书，对产生的环境影响进行全面评价；可能造成轻度环境影响的，应当编制环境影响报告表，对产生的环境影响进行分析或者专项评价；对环境影响很小、不需要进行环境影响评价的，应当填报环境影响登记表。

（2）环境影响报告书（表）或填报环境影响登记表，应根据《建设项目环境影响评价分类管理名录》具体规定进行编制。

（3）全过程工程咨询单位应配置环境影响评价报告编制人员进行环境影响评价报告的编制，严格按照环境保护"三同时"项目的全过程监督实施。

（4）环境影响评价报告的编制应实事求是，应充分考虑可实施性、可操作性，避免出现报告完美，容易通过审批，但按照报告执行后续实施难度非常大的环境影响评价报告。

（5）环境影响评价报告编制前应对建设项目周围环境进行现状调查，调查要实事求是，不得弄虚作假。

7.6 安全预评价

（1）根据相关安全管理法律、法规文件规定，下列建设项目在进行可行性研究时，生产经营单位应当分别对其安全生产条件进行论证和安全预评价：

① 非煤矿矿山建设项目；

② 生产、储存危险化学品（包括使用长输管道输送危险化学品，下同）的建设项目；

③ 生产、储存烟花爆竹的建设项目；

④ 化工、冶金、有色、建材、机械、轻工、纺织、烟草、商贸、军工、公路、水运、

轨道交通、电力等行业的国家和省级重点建设项目；

⑤ 法律、行政法规和国务院规定的其他建设项目。

（2）全过程咨询单位应配置相应的安全预评价相关人员编制安全预评价报告，并按照安全"三同时"的要求在工程全过程监督实施。

（3）安全预评价报告的编制应实事求是，应充分考虑报告的可实施性、可操作性，避免出现报告完美，容易通过审批，但按照报告执行后续的安全生产设施设计专篇实施难度非常大的报告。

（4）安全预评价应实事求是，不得弄虚作假。

7.7 社会稳定风险评价

（1）组织开展重大项目前期工作时，应当对社会稳定风险进行调查分析，征询相关群众意见，查找并列出风险点、风险发生的可能性及影响程度，提出防范和化解风险的方案措施，提出采取相关措施后的社会稳定风险等级建议。

（2）全过程工程咨询单位应配置社会稳定评价报告编制人员进行社会稳定评价报告的编制，并取得维稳相关行政主管部门的批复。

（3）项目的公开公示、民意调查、专家论证应实事求是，印证材料应充分，不得弄虚作假。

（4）实施过程中应将民意调查矛盾排查化解措施贯彻项目的全过程。

7.8 其他相关评价

（1）根据项目性质的不同、地域的不同、占地性质的不同等，除常规应编制的相关评价报告等，还应按照相关法律法规、地域建设程序等要求编制其他应编制的相关报告，如占用林地时应编制使用林地可行性研究报告。

（2）当需要编制相关评价报告时，全过程工程咨询单位应配置相应的报告编制人员进行报告的编制，并按照相关的法律、法规执行报批流程。

（3）全过程工程咨询单位就相关评价报告内容应符合项目建设需要，满足法律、法规的要求。

第8章

工程建设全过程咨询

8.1 招采

8.1.1 总则

（1）为规范全过程工程咨询服务企业的招标或采购代理工作，提高招标或采购的工作质量、效率和规范化程度，根据《中华人民共和国招标投标法》《中华人民共和国招标投标法实施条例》《中华人民共和国政府采购法》及其他相关法律法规、规章和行政规范性文件，编制本导则。

（2）本导则适用于建筑工程与市政公用工程建设项目的招标或采购代理工作，包括工程招标，以及与工程建设项目有关的货物、服务。

（3）招标或采购代理工作应遵循公开、公平、公正和诚信的原则来完成项目的招标或采购过程管理，维护招标或采购相关各方主体的合法权益。

（4）采用电子招标投标的，国家法律、法规、部门规章对其资格审查、招标、开标、评标、定标、授予合同和招标档案等规定与本规范不一致的，从其规定。

（5）招标或采购工作代理负责人应加强与设计负责人、合同负责人、造价负责人和项目管理负责人等的沟通协调。

8.1.2 团队组建

（1）招标或采购代理服务负责人由全过程工程咨询公司委派，在全过程工程咨询总咨询师的带领下开展招标或采购代理工作，包括组建工作团队、制定管理制度、编写工作流程、进行总体进度安排等。

（2）采购代理工作团队由招标代理服务负责人根据工作的需要进行组建，团队成员在负责人的带领下开展招标代理具体工作，包括：资料收集，招标文件编制、发售、澄清、修改，现场踏勘组织，保证金收取，投标文件的接收、开标、清标、评标的组织，公示等。

（3）采购代理工作团队相关工作人员必须符合国家相关法律法规、规章和行政规范性文件中的职业资格要求。

（4）采购代理工作的人员数量配备必须满足相应阶段招标工作的需要。

8.1.3 招标代理

8.1.3.1 服务内容

（1）全过程工程咨询服务招标代理服务工作团队主要负责项目招标代理工作，配合项目策划，完成项目策划需要配合单位的招标；配合工程设计部门，完成设计招标文件的编制等；配合造价咨询部门，完成标段的划分，便于造价咨询服务工作团队编制标底等；配合项目管理服务工作团队，在招标过程中与项目管理服务工作团队商讨工程总计划及招标计划，便于项目管理服务工作团队合理安排施工且为招标工作计划提供依据。

（2）应组织建立招标采购管理制度，确定招标采购流程和实施方式，规定管理与控制的程序和方法。

（3）应按照全过程工程咨询服务总体策划的要求进行招标策划，对目标进行分解，编制招标采购策划方案，确定招标采购模式及合同模式的选择、标段划分、工作界面划分、拟采用的合同范本等。

（4）在按照国家现行的有关规定和标准、规范、示范文本等编制招标文件时，应结合招标项目的特点和需要。招标文件应当包括招标项目的技术要求、对投标人资格审查的标准、投标报价的要求和评标标准等所有实质性要求和条件以及拟签订合同的主要条款。

（5）项目工程量清单应依据相关工程量清单计量标准编制。全部使用国有资金投资或者以国有资金投资为主的项目，应当采用工程量清单计价和行业相关规程规定。非国有资金投资的项目，鼓励采用工程量清单计价。

（6）根据住房城乡建设部颁布的《建筑工程施工发包与承包计价管理办法》的规定，国有资金投资的建筑工程招标的，应当设有最高投标限价；非国有资金投资的建筑工程招标的，可以设有最高投标限价或者招标标底。

（7）应按照《中华人民共和国招标投标法》和《中华人民共和国招标投标法实施条例》等法律法规规定的程序，完成项目的招标公告发布、接收投标申请、组织资格预审和现场踏勘、进行答疑、开标、评标和发中标通知书等招标过程管理工作。

8.1.3.2 工作流程

（1）招标代理负责人根据全过程工程咨询服务总体计划安排的要求，组织团队成员收集拟招采标的的资料，通过访谈法、问卷调查法等方法调查分析投资人需求，进行招标策划，编制招标方案，明确招标标的、招标范围、招标方式、标段或包件划分、投标人资信要求、招标标准文件选择、评标方法选择、招标计划时间安排等。

（2）招标代理应根据招标项目的要求和招标采购方案编制招标文件。招标文件一般应包括招标公告（投标邀请函）、投标人须知、评标办法、合同条款及格式、工程量清单、技术标准和要求、投标文件格式等几个部分。

（3）招标代理负责人应与设计负责人、造价负责人、合同负责人沟通协调，明确拟招采标的的设计图、技术参数要求、工程量清单或采购清单、清单计量支付规则、专项合同条款、最高限价等配套资料的提交时间和数量。

（4）编制资格预审文件。招标代理应组织业主、专家编制资格预审文件。资格预审文件一般应包括资格预审公告、申请人须知、资格审查办法、资格预审申请文件格式、项目建设概况等五部分。

（5）配合工程造价部分编制工程量清单，以及与清单相配套的技术标准要求和计量支付规则。

（6）提出招标申请。根据招标项目的规模向项目所在地招标投标管理部门提出招标申请，确定招标方式。

（7）发布招标公告或发出投标邀请书。

（8）发售资格预审文件（资格后审不需此程序）。

（9）审查投标申请人资格（资格后审不需此程序）。对投标申请人提交的资格预审文件进行评审，确定投标人名单。

（10）向合格投标申请人发放资格预审合格通知书。

（11）招标文件报招标投标管理部门审查。

（12）向合格的投标申请人发售投标文件。

（13）编制投标控制价或标的，并报招标投标管理机构审查。

（14）组织投标人踏勘现场，答疑、澄清或修改招标文件。

（15）配合造价部门编制最高限价或标底，发布最高限价。

（16）接收投标申请人的投标申请。

（17）组织开标、评标、公示、发中标通知书。

（18）招标资料的归档、移交。

（19）配合相关部门对招标代理工作的中期评价、后评价。

8.1.3.3 工作要点

（1）招标策划应考虑项目的类型、规模及复杂程度、进度要求、投资人的参与程度、市场竞争状况、相关风险等因素。

（2）招标策划应在项目招标采购阶段开始之前完成。对于投资规模大、建设期长、对社会经济影响深远的项目，宜从项目决策阶段开始。

（3）招标策划应遵循有利于充分竞争、控制造价、满足项目建设进度要求以及招投标工作顺利有序的原则进行。

（4）招标策划应经过相关部门审核，并经投资人批准后实施。必要时，招标策划应按规定进行变更。

（5）招标文件中的招标范围应准确，投标人资格应符合相关法规规定、项目本身的特点和需求，技术与质量标准、技术要求、进度要求应满足项目要求，招投标活动的进度安排应满足整体项目进度计划要求；所附的合同条款应满足投资人和项目的目标要求；评标方法应符合科学、公平、合理的要求，应符合项目性质。

（6）工程量清单中的图纸说明和各项选用规范应符合技术要求，主要设备的型号、规格、品牌等要求应符合要求，界面划分不应有漏项，特别是对造价有重大影响的子目应确保齐全、准确。

（7）最高投标限价应客观反映市场真实价格，不得随意提高或降低，并且应将最高投标限价与对应的单项工程综合概算或单位工程概算进行对比，出现实质性偏差时应告知投资人并进行相应调整。

（8）招标代理服务工作团队依法组建评标委员会。评标委员会组成人员应根据相关要求在国家有关部门或者省级政府有关部门组建的综合性评标专家库中，采用随机抽取的方式确定。招标代理服务工作团队对评标委员会名单在中标结果确定前应予以保密。

（9）对非国有资金投资项目，招标代理服务工作团队在开标前可以组织全过程工程咨询服务团队的工程设计、项目管理、造价咨询等相应工作团队选派有评标能力的人员参与评标，评标委员会的组成需要符合相关要求。参与评标的人员在中标结果确定前应负有保密的义务。

（10）招标代理服务工作团队应根据国家及地方招标代理相关法规及规定如招投标法、招投标法实施条例等相关文件管理办法公示中标候选人、确定中标人、发出中标通知书与未中标通知书、签订书面合同保证合同文件的完整性、退还投标保证金、向招投标监管部门提交备案资料、招标代理工作中的相关资料进行归档并移交招标人。

8.1.4 采购代理

8.1.4.1 服务内容

（1）招标代理服务工作团队应根据全过程工程咨询服务项目立项报告、全过程工程咨询服务合同、设计文件、全过程工程咨询服务管理实施规划和采购管理制度编制采购计划。

（2）在按照国家现行的有关规定和标准、规范、示范文本等编制采购文件时，应结合采购项目的特点和需要。采购文件应当包括采购预算、招标文件、投标文件、评标标准、评估报告、定标文件、合同文本等。

8.1.4.2 工作流程

（1）拟订采购方案；

（2）编制采购文件；

（3）发布采购公告或采购邀请书，或根据项目需要组织资格预审；

（4）发售采购文件；

（5）组织供应商踏勘现场；

（6）对采购文件进行澄清与修改；

（7）组建谈判小组或评审小组；

（8）接收响应文件和保证金；

（9）开启响应文件；

（10）组织谈判或评审；

（11）公示候选成交供应商，协助确定成交供应商；

（12）发出成交通知书；

（13）发布成交公告或发出成交结果通知书；

（14）协助处理异议；

（15）协助签订合同；

（16）退还保证金；

（17）编制采购代理服务报告；

（18）收集及移交采购资料。

8.1.4.3 工作要点

（1）采购文件中的采购需求应完整、明确、合规，评审标准设定应科学，采购合同应完整规范。

（2）采购货物的技术参数、技术需求、规格型号应完整、准确。

（3）应明确采购货物的技术偏差要求。

（4）要求潜在供应商具备相应资格条件，必须与采购项目的具体特点和实际需要相契合。不得在国务院明令取消的行政审批事项目录内；不得对企业的注册资本、资产总额、营业收入、从业人员、利润、纳税额等规模条件作出限制（不能歧视中小企业）；不得指向特定的供应商、品牌、产品、商标及专利等；不得把特定地域、特定行业的业绩作为资格条件。

（5）当采购货物具备下列一项或一项以上情况时，应考虑要求提供制造商授权：不能从现货市场自由采购的；具有特殊性，经销商需要由制造商进行经销资格认定的；是定制产品，而不是标准规格的批量生产产品的；需要制造商提供服务和质量保证的；需要制造商保证产品可以得到持续的备件供应和服务的。

8.2 勘察

8.2.1 总则

（1）全过程工程咨询单位应明确勘察负责人或勘察设计负责人，界定管理职责与分工，制定项目的勘察管理制度，确定勘察工作流程、配备相应资源。

（2）工程项目勘察应采用多种科学技术勘察方法，对工程项目建设地点的地形、地貌、土质、岩性、地质构造、水文地质等自然条件，进行测量、测试、观察、勘探、试验、鉴定和综合评价。

（3）工程项目应遵循先勘察、后设计、再施工的正常建设程序。

（4）工程勘察分可行性研究、初勘、定测和补充定测。

（5）凡在国家建设工程设计资质分级标准规定范围内的建设工程项目，均应当委托勘察业务。

（6）勘察方案必须经报审合格后，方可实施。

8.2.2 勘察团队的组建

（1）全过程工程咨询单位明确勘察设计阶段的负责人，界定管理职责与分工，制定项目的勘察阶段管理制度，确定项目勘察阶段工作流程，配备相应资源。

（2）勘察工作团队由勘察负责人根据工作的需要进行组建，团队成员在负责人的带领下开展勘察工作，包括资料收集、勘察任务书编制、可行性勘察、初步勘察、详细勘察。

（3）勘察工作团队相关工作人员必须符合国家相关法律法规、规章和行政规范性文件中的职业资格要求。

（4）勘察人员数量配备必须满足相应阶段勘察工作的需要。

8.2.3 勘察服务内容

（1）勘察任务书是大中型基础工程项目、限额以上技术改造项目进行投资决策和转入实施阶段的法定文件，项目可行性研究报告完成后应编制勘察任务书。

（2）勘察设计工程师在拟定勘察任务书时，应把地基、基础与上部结构作为互相影响的整体，并在调查研究场地工程地质资料的基础上，拟定勘察任务书。

（3）勘察专业工程师应编制勘察方案，包括钻孔的位置、数量和深度，勘探与取样，原位测试，土工试验，项目组织等。

（4）实施野外勘察作业和室内试验。

（5）编制勘察文件。勘察文件应正确评价建筑场地条件、地基岩土条件和特殊问题，为工程设计和施工提供合理适用的建议。

8.2.4 勘察工作流程

（1）勘察任务书的编制、修改和审查、审定；

（2）勘察方案的编制和审查；

（3）实施野外勘察作业和室内试验；

（4）勘察文件的编制和审查。

8.2.5 勘察工作要点

（1）勘察任务书应包含项目的意图、设计阶段（初步设计或施工图设计）要求提交勘察文件的内容、现场及室内的测试项目和勘察技术要求等，同时应包含勘察工作所需要的各种图表资料。

（2）勘察文件应重点做好以下几个方面内容：勘察文件应满足勘察任务书委托要求及合同约定；勘察文件应满足勘察文件编制深度规定的要求；对勘察文件进行内部审查，确保勘察成果的真实性、准确性；检查勘察文件资料应齐全；工程概述应表述清晰、无遗漏，包括工程项目、地点、类型、规模、荷载、拟采用的基础形式等各方面；勘察文件应满足设计要求。

8.3 设计

8.3.1 总则

（1）应明确工程设计与技术管理部门，界定管理职责与分工，制定工程设计与技术管理制度，确定工程设计与技术控制流程，配备相应资源。

（2）工程设计管理团队应按照全过程工程咨询服务项目管理策划结果，进行目标分解，编制工程设计与技术管理计划，经批准后组织落实。

（3）工程设计管理团队应根据项目实施过程中不同阶段目标的实现情况，对工程设计与技术管理工作进行动态调整，并对工程设计与技术管理的过程和效果进行分层次、分类别的评价。

（4）工程设计团队应提供符合顾客需求和期望的合格工程设计产品，以及全过程的设计咨询服务。

（5）落实工程全寿命期价值体系，满足安全性、适用性和耐久性的要求，最大限度地节约资源、保护环境、减少污染。

（6）实现各专业工程系统的集成设计，最终形成一个符合工程总目标要求，同时又是整体协调的工程技术系统。

8.3.2 设计团队的组建

（1）工程设计负责人由咨询公司委派，在工作过程中向全过程工程咨询服务总负责人汇报，与同样被任命的全过程工程咨询服务其他任务的负责人进行沟通协调，按照其他咨询服务团队的要求提供相关的设计文件及技术支持，根据其他咨询服务团队反馈的要求对工程设计进行合理的优化及修改，以便符合造价控制、招标管理、项目管理等的要求，最终实现整个项目的各项目标。工程设计负责人根据工作的需要组建本阶段服务工作团队，工程设计的管理制度、工作流程、总体进度必须符合全过程工程咨询服务项目合同要求及总体项目的相关进度、质量、成本等管理要求。

（2）工程设计负责人根据项目特点合理配置人力资源，主要技术人员应具备相应的专业技术资格。突出工程设计负责人的协调作用，加强不同专业之间的沟通配合，提高生产效率。

（3）配备满足各设计阶段所需的并具有相应专业技术资格的设计人员和设计后续服务人员。

8.3.3 设计服务内容

（1）全过程工程咨询设计服务内容分为提供产品设计和设计咨询服务两类。

（2）按项目实施阶段划分：决策阶段的方案设计、设计阶段的初步设计和施工图设计、招采的设计服务、施工阶段的设计服务、竣工阶段的设计服务、运维阶段的设计服务。

（3）按专业划分，设计服务内容包括：土建设计（建筑、结构）、机电设计（给排水、电气、暖通）、智能化设计、景观设计、内装设计、幕墙设计、变配电设计、燃气设计、人防设计、泛光照明和其他专项设计。

（4）工程设计负责人应依据项目需求和相关规定组建设计团队，明确设计策划，实施项目设计、验证、评审和确认活动，组织编写设计报审文件，并审查设计人提交的设计成果，提出设计评估报告。

（5）项目策划阶段，工程设计团队应配合项目策划咨询团队的工作，按照项目策划咨询团队的工作需求，提供项目的设计方案、设计及技术信息等，以便项目策划团队的工作顺利开展，同时将项目策划咨询团队反馈的信息作为工程设计开展的参考，以便工程设计符合项目策划最终的成果。

（6）项目方案设计阶段，工程设计团队应配合建设单位明确设计范围、划分设计界面、设计招标工作，确定项目设计方案，配合造价咨询服务团队做出投资估算，完成项目方案设计任务。

（7）项目初步设计阶段，工程设计团队应完成项目初步设计任务，配合造价咨询服务团队做出设计概算，并提出工程勘察工作需求。

（8）项目施工图设计阶段，工程设计团队应根据初步设计要求，组织完成施工图设计，配合造价咨询服务团队确定施工图预算，设计图纸符合造价咨询要求；工程设计过程需要建立设计文件收发管理制度和流程。

（9）项目施工阶段，工程设计团队应组织设计交底、设计变更控制和深化设计，根据施工需求组织或实施设计优化工作，参与关键施工部位的设计验收管理工作。

（10）项目竣工验收与竣工图阶段，工程设计负责人及团队成员参与项目竣工验收工作，并按照约定对设计文件进行整理归档，配合编制竣工决算以及竣工图的编制、归档、移交工作。

8.3.4 设计工作流程

（1）工程设计负责人在全过程工程咨询服务总负责人的总协调下组织工作，定期向项目总负责人汇报工程设计工作进度及工作情况，对需要其他咨询服务团队进行协调解决的事项作特别阐述及沟通交流，以便相关问题的及时解决。

（2）工程设计团队按照总体进度计划完成合格的设计产品，并在策划、报批、设计、施工、验收等工程建设的各个环节提供全过程、全方位的设计咨询服务。

① 参与规划。统筹建筑设计和城市设计协调统一。

② 参与策划。参与项目建议书、可行性研究报告与开发计划的制定，确认环境与规划条件、提出建筑总体要求、配合制定项目策划咨询报告、概念性设计方案及设计要求任务书。

③ 完成设计。完成方案设计、初步设计、施工图技术设计和施工现场设计服务。综合协调把控幕墙、装饰、景观、照明等专项设计，审核承包商完成的施工图深化设计。建筑师负责的施工图技术设计重点解决建筑使用功能、品质价值与投资控制。承包商负责的施工图深化设计重点解决设计施工一体化，准确控制施工节点大样详图，促进建筑精细化。

④ 配合报批、报审。设计单位应积极主动配合业主和全过程工程咨询服务机构参与项目报批和设计报审工作。

⑤ 辅助招标。辅助建设单位进行施工招投标管理，对承包商的选择提出要求。

⑥ 监督施工。对总承包商、分包商、供应商和指定服务商履行监管职责，监督工程建设项目按照设计文件要求进行施工，协助组织工程验收服务。

⑦ 指导运维。组织编制建筑使用说明书，督促、核查承包商编制房屋维修手册，指导编制使用后维护计划。

⑧ 更新改造。参与制定建筑更新改造、扩建与翻新计划。

⑨ 辅助拆除。提供建筑全寿命期提示制度，协助专业拆除公司制定建筑安全绿色拆除方案等。

（3）建立各专业设计团队之间的技术协调管理制度。针对项目特点及不同的设计阶段明确设计总控方，其主要职责为：

① 协调解决各专业设计单位的系统接口和技术矛盾，配合业主进行决策定位。

② 管理协调各专业设计团队的设计进度，特别是对接口部分资料的配合提供及沟通的时间进行严格控制，并根据工程总进度要求及时调整专项设计时间表，督促各专业设计团队按期提供设计成果。

③ 牵头组织各专业设计团队召开设计协调会，明确设计界限，做好各专业间的配合，及时解决现场施工中的难点问题，并督促落实相关意见。

8.3.5 设计工作要点

8.3.5.1 设计单位应建立完善的质量管理体系

（1）设计管理应纳入全过程工程咨询服务机构的质量管理体系；

（2）严格贯彻 ISO9001 质量管理体系的落实；

（3）建立以工程负责人为首的各级技术管理工作机制，对各阶段设计成果进行内部技术评审，认真履行校审制度，层层把关，确保设计成果质量；

（4）与业主和相关职能部门充分沟通，多做现场调研工作，使设计能与职能部门的要求和实际相符，协助业主在合理的情况下节省投资、缩短工期。

8.3.5.2 明确全过程质量控制流程

工程设计应在全过程工程咨询服务机构的质量控制流程框架内，制定一系列的质量控制体系程序文件，明确质量体系控制流程图。全过程质量控制的步骤如下：

（1）编制进度控制计划；

（2）各单位、各专业设计原则编制与会审；

（3）各单位、各专业接口的实施管理；

（4）总体方案和专业方案的评审与优化；

（5）各单位、各专业设计文件的校审与专业之间的会签；

（6）设计文件总体审定与建设方对设计文件意见反馈与处置。

8.3.5.3 设计过程中的造价控制

（1）设置先进的、可行的投资控制目标。工程项目建设过程周期长、变化多，其投资控制目标的设置应随工程项目进展的不断深入而分段设置。目标的设置既要有先进性，也要有可行性。根据初步设计图纸确定的主要设备和材料对国际国内的材料和设备供应商充分询价，在此基础上配合造价咨询服务团队完成设计概算，作为施工图设计的控制目标。并在施工图完成后请第三方审查建议，合理优化，配合造价咨询服务团队完成施工图预算，经济性控制贯穿设计全过程。

（2）采用限额设计的方法控制造价。限额设计是指按照批准的设计任务书及投资估算来控制初步设计，按照批准的初步设计概算控制施工图设计，并将总控制额分解到各专业。各专业必须就专业方案及系统设计进行技术比较、经济分析和效果评价，认真研究优化设计，进行技术经济比较，在保证工程安全和不降低功能的前提下，降低工程投资，提高设计质量。同时严格控制技术设计和施工图设计的不合理变更，保证总投资不被突破。

（3）造价咨询服务提前介入优化设计方案。提前要求造价咨询服务团队在设计阶段及时提供相应的成本测算和经济指标，对不同方案进行及时造价比较，供设计人员参考，并全程跟踪，提供支持，干预设计中存在的不必要的浪费，达到控制投资、优化设计的目的。

（4）BIM 技术应用。通过 BIM 技术的应用，提高设计质量，减少施工变更及签证，缩短设计、施工周期，从而很好地控制项目设计、建造过程中因不可控因素带来的成本增加。

8.3.5.4　工程设计文件的要求

各设计阶段的成果文件均需满足国家和地方相关工程设计文件编制深度规定；工程设计成果文件必须满足国家工程建设标准强制性条文及其他相关法律法规和技术标准的要求。

8.4　造价

8.4.1　造价咨询总则

为规范工程造价咨询业务活动，提高全过程工程咨询服务的工作质量及其项目工程造价咨询成果文件的质量，因而制定本标准。其适用于建设工程造价咨询活动及其成果文件的管理。工程造价咨询应坚持合法、独立、客观、公正和诚实信用的原则。全过程工程咨询服务企业应按委托咨询合同要求出具成果文件，并应在成果文件或需其确认的相关文件上签章，承担合同主体责任。造价工程师应在各自完成的成果文件上签章，承担相应责任。全过程工程咨询服务企业以及承担工程造价咨询业务的工程造价专业人员，不得同时接受利益或利害双方或多方委托进行同一项目、同一阶段中的工程造价咨询业务。工程造价咨询活动及其成果文件的管理除应符合本导则外，尚应符合国家现行有关标准的规定。造价咨询工作服务于项目整个过程，在工程造价咨询服务过程中需要紧密地与全过程工程咨询服务其他团队相联系。

8.4.2　全寿命期费用管理体系要件

建立工程全寿命期费用管理体系。工程全寿命期费用等于前期策划费用、工程建设费用、运行维护费用、拆除处理费用之和。从工程的全寿命期目标出发，在工程的规划、设计、制造、购置、安装、运行、维修、改造、更新，直至报废的全过程中，通过对工程全寿命期费用的预测、决策、优化、计划、核算、分析和反馈，使工程全寿命期费用最小，并构建一体化的工程全寿命期费用管理体系。

（1）全寿命期费用核算对象的选择。工程对象系统是工程规划、设计、施工、运行的共同对象，是各个工程专业和工程管理专业的结合点，具有统一性和稳定性。

（2）工程全寿命期费用信息库构建。工程全寿命期费用管理的目的不仅仅是计算工程全寿命期费用，而且要为新工程的方案决策提供工程全寿命期费用的优化、评价、核算和控制的依据。在工程寿命期中，可以持续地汇集前期决策、规划、设计、招标、施工、运行维护、拆除所花费的费用，能够给工程全寿命期费用管理提供一个统一的信息平台。这样就需要解决数据集成化，解决不同属性数据的沟通规则，保持数据的唯一性。

工程全寿命期费用的计算需要各个费用项目的指标，其数据来源可包括：

① 过去实际费用的统计分析。

② 通过工程运行和报废过程的详细分析及各个过程的费用详细分析得到的数据及信息，

如工程部件的寿命、运行能耗、运行和维修的组织及人员消耗、材料消耗等。

③ 由设备和系统的供应商提出的相关数据。

（3）工程全寿命期费用信息共享规则。新工程的工程全寿命期费用预算、优化、评价、计划和控制应该在本领域过去工程资料统计分析的基础上进行，所以需要构建相关领域工程全寿命期费用信息体系，使工程全寿命期费用信息共享。

8.4.3 造价咨询团队的组成

如按照合同，全过程工程咨询服务包括造价咨询服务，则造价咨询负责人由咨询公司委派，造价咨询负责人根据工作的需要组建造价咨询工作团队，造价咨询内部管理制度、工作流程、总体进度计划等必须符合全过程工程咨询服务项目总体管控的要求。造价咨询服务工作团队相关人员的职业资格要求必须符合国家相关要求，造价咨询服务工作团队在造价咨询服务负责人的带领下开展工作。

8.4.4 造价咨询主要工作内容

全过程工程咨询造价咨询服务工作团队主要负责开展及执行项目造价咨询服务，并配合全过程工程咨询服务其他阶段的工作团队开展工作，如配合项目策划服务团队完成项目建设主管部门的报审工作；配合工程设计服务团队，根据不同阶段的设计文件提供项目的估算及概预算；配合招标代理服务团队，为招标代理服务提供标的物的标底；配合项目管理团队，在项目的实施过程中对涉及工程变更等引起工程造价变化的事项提供相关造价变更费用文件给工程管理部门做参考等。

工程造价咨询企业应关注各阶段工程造价的关系，以设计概算不突破投资估算、施工图预算和结算不突破设计概算为原则对工程造价实施全方位控制。若发生偏离，工程造价咨询负责人应及时向全过程工程咨询总负责人反馈并建议采取相应的控制措施。

工程造价咨询企业可承担的建设项目全过程造价咨询工作包括：

（1）投资估算的编制与审核；

（2）经济评价的编制与审核；

（3）设计概算的编制、审核与调整；

（4）施工图预算的编制与审核；

（5）工程量清单的编制与审核；

（6）最高投标限价的编制与审核；

（7）工程计量支付的确定，审核工程款支付申请，提出资金使用计划建议；

（8）施工过程的工程变更、工程签证和工程索赔的处理；

（9）工程结算的编制与审核；

（10）工程竣工决算的编制与审核；

（11）全过程工程造价管理咨询；

（12）工程造价鉴定；

（13）方案比选、限额设计、优化设计的造价咨询；

（14）合同管理咨询；

（15）建设项目后评价；

（16）工程造价信息咨询服务；

（17）其他合同约定的工程造价咨询工作。

工程造价咨询企业应根据委托和建设项目需要，针对建设项目的不同方案或同一方案的不同建设标准编制对应的投资估算，形成方案经济比选分析报告。

方案经济比选应结合建设项目的使用功能、建设规模、建设标准、设计寿命、项目性质等要素，运用价值工程、全寿命周期成本等方法进行分析，提出优选方案及改进建议。

方案经济比选评价指标体系应包括技术层面、经济层面和社会层面，依据项目类别按照不同比选层面分成若干比选因素，按照指标重要程度设置主要指标和辅助指标，选择主要指标进行分析比较。

8.4.5 造价咨询工作流程及沟通对象

（1）造价咨询服务负责人在全过程工程咨询服务总负责人的总体协调下开展工作，造价咨询服务负责人定期向全过程工程咨询服务总负责人汇报造价咨询工作情况，对项目总造价及分项工程造价超过相应指标等重要事项向全过程工程咨询服务总负责人进行汇报，以便获得全过程工程咨询服务总负责人的相关指示及相关服务团队的重视，必要时对设计文件或总体预算进行所需的修改或调整。

（2）造价咨询服务负责人组织造价咨询团队根据工作任务组织内部会议，会议商讨工作分工及工作内容，根据项目总进度计划要求编制造价咨询服务详细工作计划，将造价咨询服务的具体工作分解落实到造价咨询管理团队的每一个人的工作任务中，相应的具体工作责任人需要根据其负责的工作内容提出需要其他服务团队配合提供的资料，且注明所需提供资料的详细内容与资料的深度要求及其时间要求；需要其他团队配合的事宜应汇总到造价咨询服务负责人，由造价咨询服务负责人与全过程工程咨询服务其他团队相关负责人沟通联系。

（3）项目决策阶段。造价咨询服务主要工作内容是项目投资估算编制、经济评价等。此阶段造价咨询服务团队需要设计服务团队提供完整的方案设计文件，方案设计文件的深度在满足国家相关要求的前提下，也需要满足投资估算编制要求，造价咨询服务团队根据工程设计服务团队提供的资料依据造价咨询规范编制投资估算，估算成果提供给项目决策者参考。

全过程工程咨询服务企业应依据委托合同的要求，对建设项目进行经济评价，一般性项目的经济评价无特定要求时仅需进行财务评价。项目决策阶段造价咨询服务团队需要定期与工程设计团队进行沟通交流，当设计方案调整时及时调整工程项目投资估算以便保持与设计文件的一致，供业主方项目决策参考。

（4）项目设计阶段。造价咨询管理部门主要工作内容是方案设计估算，设计概算编制、施工图预算编制。此阶段造价咨询服务团队根据工程设计部门提供的各阶段设计文件依据估算及概预算编制要求，向项目负责人及业主方提供相关成果，为全过程工程咨询服务提供限额设计、优化设计的造价咨询服务，满足工程总造价控制需要；项目设计阶段造价咨询服务工作团队需要定期与工程设计服务团队进行沟通交流，当工程设计文件调整时及时调整工程项目各阶段估算及概预算成果，供项目总负责人及业主方等参考。

（5）项目招投标阶段。造价咨询服务工作团队主要工作内容是：工程量清单、最高投标限价；清标。此阶段造价咨询服务工作团队根据招标代理服务团队的要求提供标的物的工程量清单、最高投标限价。招标代理服务团队根据造价咨询提供的造价文件进行招标工作。

全过程工程咨询造价服务团队按照合同要求进行清标工作，应在开标后到评标前进行；造价咨询服务工作团队根据合同要求出具对各投保人投标报价的清标报告。全过程工程咨询造价咨询服务团队对承接的清标工作，应负有保密的义务。

（6）项目实施阶段。造价咨询服务工作团队主要工作内容是编制项目资金使用计划、工程计量与合同价款审核、询价与核价、工程变更、工程索赔和工程签证审核、工程造价动态管理、竣工阶段、竣工结算编制、竣工结算审核、竣工决算编制。

项目实施阶段全过程工程咨询服务总负责人要定期跟踪各阶段服务工作团队，了解整个项目各服务阶段的进展，包括向项目管理服务工作团队了解整个项目的整体情况，向项目管理服务工作负责人获取项目详细进度计划、审批后的施工组织设计、主要工程的施工方案、项目的周报月报，必要时协调其他服务工作团队提供支持，如协调造价咨询服务工作负责人派驻造价咨询服务工作人员到现场，提高项目实施阶段造价咨询服务质量，给项目管理服务工作团队有力支持。

项目管理服务工作团队也应大力支持其他服务工作团队的工作，如对于造价咨询服务工作人员的工作，现场涉及有影响工程造价的事项，需要按工程变更、工程签证的相应要求保留好相关资料。造价咨询服务工作团队根据工程设计文件、项目管理现场管理文件做好项目实施阶段的造价咨询服务工作。

（7）建设项目后评价。全过程工程咨询造价咨询服务工作团队，根据项目投资估算、设计概算编制、施工图预算编制、竣工结算、竣工决算分析本工程项目建设投资，全过程工程咨询服务工作团队经过相关审核批准后向业主提供项目投资评估报告。

8.4.6 造价咨询文件管理与编制要求

全过程工程咨询造价咨询服务工作团队，在工程造价咨询工作业务中，造价咨询文件管理与文件编制，需要符合中华人民共和国国家及地方相关建设工程造价咨询规范、规定等要求。

8.5 监理

8.5.1 工程监理总则

全过程工程咨询服务工程监理服务导则适用于建设工程的新建、扩建、改建监理与相关服务活动。在订立全过程工程咨询服务合同时，建设单位将勘察、设计、保修阶段等相关服务一并委托的，应在合同中明确相关服务的工作范围、内容、服务期限和酬金等相关条款。工程开工前，建设单位应将全过程工程咨询服务企业项目监理机构的名称，监理的范围、内容和权限及总监理工程师的姓名书面通知施工单位。在建设工程监理工作范围内，已经委托了全过程工程咨询服务方，建设单位与施工方的联系应通过全过程工程咨询服务方进行（如未委托全过程工程咨询服务机构，建设单位与施工单位的联系由项目监理机构负责）。

实施建设工程监理的主要依据有：法律法规及建设工程相关标准、建设工程勘察设计文件、建设工程监理合同及其他合同文件。

建设工程监理实行总监理工程师负责制。全过程工程咨询服务企业项目监理机构应公平、独立、诚信、科学地开展建设工程监理与相关服务活动。建设工程监理与相关服务活动除遵循本导则外，还应符合法律法规及有关建设工程标准的规定。

8.5.2 工程监理团队的组成

如按照合同，工程监理服务属于全过程工程咨询服务内容，则工程监理负责人由咨询公司委派，由总监理工程师承担。总监理工程师根据工作的需要组建工程监理管理团队，工程监理内部管理制度、工作流程、总体进度必须符合全过程工程咨询服务的要求，且符合建设工程监理规范要求。

工程监理管理团队成员的职业资格要求必须符合建设工程监理规范要求，全过程工程咨询服务监理机构的组织形式和规模，应根据全过程工程咨询服务合同约定的服务内容、服务期限，以及工程特点、规模、技术复杂程度、环境等因素确定。

工程监理管理团队的内部事宜在总监理工程师的带领下组织工作，现场监理工作需按总监理工程师的要求进行工程监理活动。

8.5.3 工程监理主要工作内容

全过程工程咨询服务工程监理主要负责工程现场工程监理工作；给予其他咨询服务工作团队相应的配合，以便更好地完成整个项目全过程工程咨询服务，具体包括：配合项目管理服务工作团队，完成现场需要工程监理配合的工作；配合造价咨询服务工作团队，完成现场变更签证等现场管理资料；配合工程设计服务工作团队，按全过程工程咨询服务合同要求在设计阶段提供相应的技术交流与相关支持；配合招标代理服务工作团队，在招标阶段为招标代理提供标段划分、实施方案技术要求等技术支持。工程监理服务具体按照国家相关规范及要求执行，主要工作内容包括：

（1）编制监理规划及监理实施细则；

（2）全过程工程咨询服务工程监理实施过程中对工程质量、造价、进度的控制；

（3）全过程工程咨询服务工程监理实施过程中对工程变更、索赔及施工合同争议的处理；

（4）监理文件资料管理；

（5）设备采购与设备监造；

（6）履行建设工程安全生产管理法定职责，对工程建设相关方进行协调的相关工作内容。

8.5.4 工程监理工作流程及沟通对象

（1）总监理工程师在全过程工程咨询服务总负责人的总体协调下组织工作，总监理工程师定期向项目总负责人汇报工程监理工作情况，对工程监理工作出现的困难需要及时向项目总负责人沟通交流，便于项目总负责人了解工程监理具体情况并提供所需的相关指导与支持，工程监理活动按建设工程监理规范相应要求执行，项目监理服务工作团队要独立、公平、诚信、科学地开展建设工程监理活动。

（2）总监理工程师组织工程监理服务工作团队根据合同约定的监理工作任务组织内部讨论交流会议，会议商讨工作分工及工作内容，根据项目总体进度计划、施工组织设计要求编制工程监理服务详细工作计划，把工程监理的具体工作落实到工程监理部门的每一个人的工作任务中，相应的责任人根据工作内容提出需要全过程工程咨询服务其他服务工作团队配合提供的资料，且注明提供资料的详细内容与资料的深度要求及其时间要求；需要其他服务工作团队配合的事宜汇总到总监理工程师,总监理工程师与全过程过程咨询总负责人沟通交流及做相关处理。

(3)全过程工程咨询服务工程监理服务在编制监理规划及监理实施细则阶段,需要根据建设工程监理规范要求,根据合同内容及项目具体情况编制监理规范与监理实施细则。

在编制监理规划时,工程监理服务工作团队需要向工程设计服务工作团队了解及获取建设工程概况等相关设计内容;工程监理服务工作团队需要向项目总负责人及项目管理服务工作团队获取工程总进度计划、主要设备材料进场计划等,利于工程监理服务工作团队编制监理规划中的工程进度控制规划要点等相应控制要点等;工程监理服务工作团队需要向造价咨询服务工作团队获取工程造价信息、市场材料价格信息,利于工程监理编制监理规划中的造价控制规划要点等相应控制要点。

在编制监理实施细则时,工程监理服务工作团队需要向设计服务工作团队获取本全过程工程咨询服务项目采用的新材料、新工艺、新技术、新设备等,利于编制专业性较强、危险性较大的分部分项工程的监理实施细则;工程监理服务工作团队向工程施工单位获取本工程实施方案、主要工程施工方案,利于编制监理工作要点、监理方法及措施相关监理实施细则。

(4)工程监理项目施工阶段。工程监理服务的主要工作内容是:工程质量、造价、进度控制;工程变更、索赔及施工合同争议的处理;监理文件资料管理;设备采购与设备监造。

工程监理在工程质量、造价、进度控制实施过程中,工程监理服务工作团队需要向工程设计服务工作团队获取设计文件、图纸会审与设计交底会议纪要,工程监理实施过程中工程监理服务团队参照相应的设计文件进行质量控制;工程监理服务工作团队向造价咨询服务工作团队获取造价咨询资料,以便在工程监理实施过程中掌握施工造价控制的关键点;工程监理服务工作团队向项目管理服务工作团队获取总体施工进度计划,以便工程监理在实施过程中根据总体施工计划督促施工单位编制详细施工进度计划及编制施工方案,并依据审核通过的施工方案进行每道工序验收。

履行建设工程安全生产管理法定职责、对工程建设相关方进行协调的相关工作内容。

工程变更、索赔及施工合同争议的处理时,工程监理服务工作团队向工程设计服务工作团队获取设计文件,根据相关设计文件判定工程变更是否由设计原因引起而产生的工程变更。工程监理与项目管理服务工作团队沟通交流讨论现场相关管理文件,如工程联系单、工程延期单等,判定工程变更是否是由非施工单位的原因引起而产生的工程变更;工程监理服务工作团队与造价咨询服务工作团队沟通交流讨论工程量清单、造价编制说明等工程造价资料,根据造价资料判定造价变更是否由造价编制过程中项目特征不详、工程量清单有漏项原因而引起的工程变更;工程监理综合上述信息结合建设工程合同,处理施工单位上报的工程变更、索赔文件、施工合同争议,提出处理意见供上级领导参考。

监理文件资料管理,工程监理服务工作团队需要按照建设工程监理规范要求的文件管理相关规定并结合与业主方签订的全过程工程咨询服务合同要求进行编制。主要内容有监理文件资料、监理日志、监理月报、监理工作总结,相对应的资料内容满足监理文件管理相关规定。所有资料在工程监理日常管理中与全过程工程咨询服务的其他工作团队包括工程设计、造价咨询、项目管理等进行沟通、交流、讨论、收集等。

设备采购与设备监造中,工程监理服务工作团队根据全过程工程咨询服务合同要求配合项目设备采购与设备监造。

在设备采购实施过程中，工程监理部需要向其他咨询服务工作团队沟通交流并获取相关咨询，包括向招标代理服务工作团队获取设备采购招投标文件、设备采购方案、设备采购合同；向工程设计服务工作团队获取工程设计文件和图纸。

设备监造实施阶段，工程监理服务工作团队需检查设备制造单位的质量管理体系，审查设备制造单位报送的设备制造生产计划和工艺方案；审查设备制造的检验计划和检验要求，确认各阶段的检验时间、内容、方法、标准以及检测手段、检测设备和仪器等；设备监造需按建设工程监理规范中对于设备监造要求及设备供应商与业主所签订合同中的相关约定及要求执行与实施。

8.5.5　工程监理实施要求与文件管理

全过程工程咨询服务工程监理服务的工作团队在项目工程监理的具体实施过程中，需要满足建设工程监理规范要求及相关法规，结合与业主的全过程工程咨询服务合同中的相关约定与要求，进行监理服务活动与工程监理文件的编制。

第9章

运营阶段保障性咨询

9.1 项目后评价

9.1.1 总则

（1）项目后评价是指在项目竣工验收并投入使用或运营一定时间后，运用规范、科学、系统的评价方法与指标，将项目建成后所达到的实际效果与项目的可行性研究报告、初步设计（含概算）文件及其审批文件的主要内容进行对比分析，找出差距及原因，总结经验教训、提出相应对策建议，并反馈到项目参与各方，形成良性项目决策机制。

（2）全过程工程咨询单位应当按照国家发展和改革委员会的要求，根据业内应遵循的评价方法、工作流程、质量保证要求和执业行为规范，独立开展项目后评价工作，按时、保质地完成项目后评价任务，提出合格的项目后评价报告。

（3）全过程工程咨询单位在开展项目后评价的过程中，应重视公众参与，广泛听取各方面意见，并在后评价报告中予以客观反映。

9.1.2 团队组成

（1）项目后评价负责人由全过程工程咨询公司委派，在全过程工程咨询总咨询师的带领下开展项目后评价工作，包括组建工作团队、制定管理制度、编写工作流程、进行总体进度安排等。

（2）项目后评价工作团队由后评价负责人根据工作的需要进行组建，团队成员在负责人的带领下开展绩效评价具体工作，包括资料收集、现场调查、项目过程评价、项目效果评价、后评价报告编制和审核等。

（3）后评价团队相关工作人员必须符合国家相关法律法规、规章和行政规范性文件中的职业资格要求。

（4）后评价团队的人员数量配备必须满足后评价工作的需要。

9.1.3 服务内容

后评价服务内容一般包括：组建满足专业评价要求的工作组，调查现场和收集资料，编制自我总结评价报告和后评价报告。

9.1.4 工作流程

（1）编写项目自我总结评价报告：对建设项目在项目竣工验收并投入使用或运营一年后两年内的情况进行梳理；同时，收集后评价管理规定中设计的数据和指标内容，编写自我总结评价。

（2）确定后评价项目：国家发展和改革委员会在收到项目单位（投资人）提交的自我总结评价报告，根据相关规定，确定是否需要开展后评价工作，并制定项目后评价年度计划。

（3）组建项目后评价工作组：自我总结评价报告通过审查后，国家发展和改革委员会委托未参与过项目前期、建设实施及项目自我总结评价报告的第三方工程咨询机构承担项目后评价任务，接受委托的工程咨询机构，组建满足专业评价要求的工作组。

（4）完成项目后评价：第三方工程咨询机构按照委托要求和投资管理相关规定根据业内遵循的评价方法、工作流程、质量保证要求和执业行为规划，独立开展项目后评价工作，在规定时限内完成项目后评价任务，提出合格的项目后评价报告。

9.1.5 工作要点

（1）项目后评价应采用定性和定量相结合的方法。

（2）项目后评价应关注项目效果和效益评价、项目环境和社会效益评价、项目目标实现程序和持续能力评价。

9.2 绩效评价

9.2.1 总则

（1）应明确绩效评价部门，界定管理职责与分工，制定项目绩效评价制度，确定项目绩效评价流程，并配备相应资源。

（2）绩效评价团队应根据设定的绩效目标，运用科学合理的绩效评价指标、评价标准和评价方法，对被评价项目的经济性、效率性和效益性进行客观、公正的评价。

（3）绩效评价团队应遵循独立、客观、科学、公正的原则进行评价。

9.2.2 团队的组成

（1）绩效评价负责人由全过程工程咨询公司委派，在全过程工程咨询总咨询师的带领下开展绩效评价工作，包括组建工作团队、制定管理制度、编写工作流程、进行总体进度安排等。

（2）绩效评价工作团队由绩效评价负责人根据工作的需要进行组建，团队成员在负责人的带领下开展绩效评价具体工作，包括资料收集、评价指标设置、评价方案制定、数据收集、数据分析和评价、拟定与提交评价报告、归档等。

（3）绩效评价团队相关工作人员必须符合国家相关法律法规、规章和行政规范性文件中的职业资格要求。

（4）绩效评价团队的人员数量配备必须满足相应阶段招标工作的需要。

9.2.3 服务内容

绩效评价的内容通常包括：绩效目标的设定情况，项目绩效评价指标设定，资金投入和使用情况，为实现绩效目标制定的制度、采取的措施，绩效评价报告的撰写，绩效目标的实现程度及效果和其他内容。

9.2.4 工作流程

绩效评价工作流程通常分为三个阶段，即绩效评价前期准备阶段、绩效评价实施阶段和绩效评价报告的编制和提交阶段。

（1）绩效评价前期准备阶段。包括接受绩效评价主体的委托签订业务约定书，成立绩效评价工作组，明确绩效评价基本事项，制定绩效评价方案。

（2）绩效评价实施阶段。首先，根据项目特点，按照绩效评价方案，通过案卷研究、数据填报、实地调研、座谈会及问卷调查等方法收集相关评价数据；其次，对数据进行甄别、汇总和分析；第三，结合所收集和分析的数据，按绩效评价相关规定及要求运用科学合理的评价方法对项目绩效进行综合评价，对各项指标进行具体计算、分析并给出各指标的评价结果及项目的绩效评价结论。

（3）绩效评价报告的编制和提交阶段。一是根据各指标的评价结果及项目的整体评价结论，按绩效评价相关规定及要求编制绩效评价报告。二是与委托方就绩效评价报告进行充分沟通。三是履行评估机构内部审核程序。四是提交绩效评价报告。五是工作底稿归档。

9.2.5 工作要点

（1）应全面、科学、公正、合理设定评价指标体系。评价指标体系的设定应能充分体现被评价单位或人员的工作成绩及不足。

（2）应现场核实在准备阶段收集的资料信息。

（3）设定的绩效目标应切实合理，不能过高或过低，同时切忌空洞无法考核。

（4）评价报告应根据评价的结果，抓住问题本质，针对评价分值反映的问题，提出有效的可操作强的对策和建议。

9.3 设施管理

（1）设施管理应涵盖并整合流程、服务、活动和设施，实现成本效益、安全和健康的工作场所，并确保提供有效的设施服务。主要的服务内容包括：
① 空间管理；
② 租赁管理；
③ 运维管理；
④ 环境与风险管理；
⑤ 家具和设备管理；
⑥ 工作场所管理；
⑦ 物业管理；
⑧ 其他系统与运维系统的数据交换管理。
（2）设施管理使项目增值的具体途径包括价值管理和全生命周期成本管理等。

9.4 资产管理

（1）资产管理涉及内容包括协调和优化规划、资产选择、采集与开发、利用、服务（维修）和最终处置或更新相应的资产和资产系统，其目的是最大限度地提高资金的价值和利益相关方期望的满意度。

（2）资产管理的工作内容包括：资产的保值和增值；运营安全分析和策划；项目的运营资产清查和评估；项目的招商策划和租赁管理。

第10章

新技术在全过程工程咨询中的应用

10.1 装配式建筑在全过程工程咨询中的应用

装配式建筑是指由预制构件通过可靠连接方式建造的建筑。

装配式建筑按材料类别分为装配式钢结构建筑、装配式钢筋混凝土建筑、装配式木结构建筑、装配式轻钢结构建筑和装配式复合材料建筑（钢结构、轻钢结构与混凝土结合的装配式建筑）；按建筑高度分为低层装配式建筑、多层装配式建筑、高层装配式建筑和超高层装配式建筑；按结构体系分为框架结构、框架-剪力墙结构、筒体结构、剪力墙结构、无梁板结构、预制钢筋混凝土柱单层厂房结构等；按结构预制率分为：超高预制率（70%以上）、高预制率（50%～70%）、普通预制率（20%～50%）、低预制率（5%～20%）和局部使用预制构件（小于5%）几种类型。

装配式建筑采用构件标准化、模数化、轻量化、少规格、多组合、工厂易生产、施工易操作的设计理念。装配式建筑设计应符合"适用、经济、绿色、美观"的建筑方针，突出建筑使用功能以及节能、节水、节地、节材和环保的特点，实现模板最少化，减少脚手架应用等。装配式建筑设计采用BIM建筑模型设计，实现设计与施工的可视化，防止装配过程中出现干涉。

10.2 绿色建筑在全过程工程咨询中的应用

绿色建筑是指在建筑的全寿周期内，最大限度地节约资源、保护环境、减少污染，为人们提供健康、适用、高效的使用空间，最大限度地实现人与自然和谐共生的高质量建筑。

比较有影响力的绿色建筑设计理念有：节约能源、设计结合气候、材料与能源的循环利用、尊重用户、尊重基地环境、整体设计观等。

绿色建筑的设计原则一般包括：资源利用的 3R 原则、环境友好原则、地域性原则、系统协同性原则、地域性原则、高效性原则、自然性原则、健康性原则、经济性原则、进化性原则等。

绿色建筑的目标一般包括：通过采用新设计理念、新技术和新材料的应用，将建筑的环境影响控制在生态承载力水平内，实现人居环境与自然生态的和谐环境目标；实现在建筑全生命周期内协调满足经济需求与保护生态环境之间的矛盾的经济目标；实现环境目标与人们的社会、文化、心理需求相融合，构建和谐健康的新生态文化的社会目标。

绿色建筑的评价应遵循因地制宜的原则，结合建筑所在地域的气候、环境、资源、经济和文化等特点，对建筑全寿命期内的案例耐久、健康舒适、生活便利、资源节约、环境宜居等性能进行综合评价。

绿色建筑应结合地形地貌进行场地设计与建筑布局，且建筑布局应与场地的气候条件和地理环境相适应，并应对场地的风环境、光环境、热环境、声环境等加以组织和利用。

绿色建筑评价指标体系应由案例耐久、健康舒适、生活便利、资源节约、环境宜居五类指标组成，且每类指标均包括控制项和评分项；评价指标体系还统一设置加分项。绿色建筑划分为基本级、一星级、二星级、三星级 4 个等级。

10.3 大数据技术在全过程工程咨询中的应用

（1）大数据是指那些使用传统数据库软件所不能采集、存储、管理和分析的数据集。它具有数据体量巨大、处理速度快、数据类别多、数据真实、价值密度低但商业价值高等五大特征。

（2）项目建设过程中，通过使用信息系统、物联网设备等技术手段对工人信息进行有效采集，并对积累的数据进行分析和应用，可有效地掌握劳务人员基本情况、现场劳务人员消费行为、现场劳务人员安全教育风险预测、劳务人员职业信用体系评价等。

（3）通过使用高清视频采集、记录、识别和传输技术、无线射频技术、条形码和二维码的物料信息采编技术，形成物料大数据的基础数据集。通过对大数据的深度挖掘和分析，可有效地预测大宗材料价格趋势，动态管控材料库存，有效地管控物料现场验收、评价物料供应商等。

（4）通过对施工过程中质量奖惩记录、操作人员的技术培训及职业教育记录、机械操作人员岗位责任制记录等大数据集进行深度挖掘和分析，可有效地分析出施工质量通病、施工质量问题成因，可客观地评价施工质量责任主体的诚信等。

（5）通过对工人不安全行为数据、人的行为特征与特质数据、工人现场空间数据、工人安全记录数据等大数据集进行深度挖掘和分析，可有效地预警现场工人危险行为、预警现场工人环境风险、管控现场安全隐患等。

（6）通过对工程项目综合管理中的大数据应用，可有效地管控计划进度、项目风险。

（7）通过对市场营销管理中的大数据应用，可有效地寻求工程信息，可准确地进行投标报价。

（8）通过对成本管理中的大数据应用，可有效地预测材料成本、生成企业定额库、分析成本对标、管控全过程成本等。

10.4 区块链技术在全过程工程咨询中的应用

（1）利用区块链技术进行工程招投标辅助验证。因区块链技术的不可篡改性，使得建筑行业从业人员的从业经历有可能更加透明和可信赖，从而可辅助身份验证。采用区块链技术后，可以更好地反映和输出建筑行业从业人员的真实经验，从而有效降低交易成本。

（2）利用区块链技术进行工程质量安全事故溯源调查。因区块链技术可提供溯源性追索，在建设工程项目质量安全事故调查中，可以快速清晰地查证到未按照质量安全规范进行操作的步骤，查证负责单位和负责工程师。

（3）利用区块链技术提高建材物流效率并保存物流全程记录。基于区块链技术的共识机制和分布式存储特点，解决建筑材料质量大、体积大、运输环节多、角色多、良莠不齐等问题，使得建材从生产出厂、仓储运输、堆放、最终使用都有据可查。通过将建材所有参与者的数据连接并记录到区块链网络中，有效解决因各参与方的信任未知和物流信息离散而产生的纠纷，保证建材的安全性和可靠性，同时也可以提高运输车辆匹配效率，降低物流成本，对建筑固废垃圾的处理也能实现有效的监督。

（4）利用区块链技术实现工程造价数据积累和传递。通过区块链技术的加密算法帮助工程造价数据的积累与分析，将单个工程项目的钢材、水泥、人工、机械等数据信息进行脱敏处理后，在保护项目业主隐私的情况下提供分布式造价数据存储方案，通过造价数据的流通和整合推动建筑工程成本的降低，有助于建筑行业知识积累与传递。

10.5 云计算技术在全过程工程咨询中的应用

云计算技术在工程造价中的应用。云计算通过用户使用的时间差来保证资源的利用效率，达到资源共享；通过信息虚拟化应用将资源整合形成资源库，使不同用户在互联网模式下实施资源共享，减少成本费用和资金投入；为不同的使用用户提供专业的分类信息，用户只需在个人领域内关注工作即可。

附　录

附录 1

全过程工程咨询服务清单

服务内容	工程建设阶段					
	项目决策	建设实施				运营
	项目决策阶段	勘察设计阶段	招标采购阶段	工程施工阶段	竣工验收阶段	运营维护阶段
全过程工程项目管理	项目全生命周期的策划管理、报建报批、勘察管理、设计管理、合同管理、投资管理、招标采购管理、施工组织管理、参建单位管理、验收管理以及质量、计划、安全、信息、沟通、风险、人力资源等管理与协调					
投资咨询	1. 项目建议书 2. 环境影响评价报告 3. 节能评估报告 4. 可行性研究报告 5. 安全评价 6. 社会稳定风险评价 7. 水土保持方案 8. 地质灾害危险性评估 9. 交通影响评价					

续表

服务内容	工程建设阶段					运营
	项目决策	建设实施				运营
	项目决策阶段	勘察设计阶段	招标采购阶段	工程施工阶段	竣工验收阶段	运营维护阶段
工程勘察		1. 勘察方案编审 2. 初步勘察 3. 详细勘察 4. 勘察报告编审			参与项目地基与基础分部工程和单位工程验收	
工程设计		1. 方案设计及优化、评审 2. 初步设计及优化、评审 3. 施工图设计及优化评审 4. 施工图设计技术审查		1. 设计交底和图纸会审 2. 现场重大和关键工序施工方案的合理化建议 3. 设计变更管理 4. 现场施工的配合工作	参与项目地基与基础分部工程、主体结构和单位工程验收	
招标采购	招标采购策划，编制招标文件（含工程量清单、招标控制价、合同条款等），发布招标（资格预审）公告，组织招标文件答疑和澄清，组织开标、评标工作，编制评标报告报投资人确认，发送中标通知书，协助合同签订等					
造价咨询	1. 投资估算编制与审核 2. 项目经济评价报告编制与审核	1. 设计概算的编制与审核 2. 确定项目限额设计指标 3. 对设计文件进行造价测算与经济优化建议 4. 施工图预算的编制与审核 5. 分析项目投资风险，提出管控措施	1. 工程量清单的编制与审核 2. 招标控制价的编制与审核 3. 制定项目合约规划 4. 清标 5. 拟定合同文本，协助合同谈判 6. 编制项目资金使用计划	1. 合同价款咨询（包括合同分析、合同交底、合同变更管理工作） 2. 施工阶段造价风险分析及建议 3. 计算及审核工程预付款和进度款 4. 变更、签证及索赔管理 5. 材料、设备的询价，提供核价建议 6. 施工现场造价管理 7. 项目动态造价分析 8. 审核及汇总分阶段工程结算	1. 竣工结算审核 2. 工程技术经济指标分析 3. 竣工决算报告的编制或审核 4. 配合完成竣工结算的政府审计 5. 根据审计结果，对工程的最终结算价款进行审定	项目维护与更新造价管控

续表

服务内容	工程建设阶段					运营
	项目决策	建设实施				
	项目决策阶段	勘察设计阶段	招标采购阶段	工程施工阶段	竣工验收阶段	运营维护阶段
工程监理				1. 建立项目监理规划和实施方案 2. 进度管理 3. 质量管理 4. 职业健康安全与环境管理 5. 工程变更、索赔及施工合同争议处理 6. 信息和合同管理 7. 协调有关单位之间的工作关系	1. 工程验收策划与组织 2. 分部分项工程、单位工程验收 3. 竣工资料收集与整理 4. 工程质量缺陷管理	
运营维护咨询						1. 项目后评价 2. 项目绩效评价 3. 设施管理 4. 资产管理
信息化咨询（以BIM为例）	1. 采用BIM使方案与财务分析工具集成 2. 修改相应参数，实时获得项目各方案的投资收益指标	1. 采用BIM进行自动化算量，成本控制 2. 基于BIM的设计优化与变更	1. 采用BIM进行自动化计算及错漏处理 2. 基于BIM的快速询价	采用BIM进行成本、进度、材料、设备等多维信息管理及流程优化	采用BIM的竣工成本控制与审核	采用BIM进行运营信息的管理、修改、查询、调用工作

附录 2

全过程工程咨询服务计费方法

为规范全过程工程咨询服务收费行为，确保优质的全过程工程咨询服务，维护委托双方的合法权益，促进全过程工程咨询服务健康发展，本指引建议全过程工程咨询服务计费采取"$P×(a+b-1)+N$"叠加计费模式，具体方法如下：

（1）"P"是指"全过程工程项目管理费"，即完成本指引项目决策、勘察设计、招标采购、工程施工、竣工验收、运营维护六个阶段"全过程工程项目管理"的服务内容后，投资人应支付的服务费用。本指引建议的"全过程工程项目管理费"的参考费率如附表 B.1 所示。

附表 B.1　全过程工程项目管理费参考费率表

工程总概算 /万元	费率/%	算例	
			全过程工程项目管理费/万元
10000 以下	3	10000	10000×3%=300
10001～50000	2	50000	300+(50000-10000)×2%=1100
50001～100000	1.6	100000	1100+(100000-50000)×1.6%=1900
100000 以上	1	200000	1900+(200000-100000)×1%=2900

注：算例中括号内第一个数为工程总概算分档的变动数，即某项目工程总概算为 X，若 $10001 \leqslant X \leqslant 50000$，则全过程工程咨询服务协调费为 $300+(X-10000)×2\%$，依次类推。

（2）"a"为"菜单调整系数"，当提供的项目全过程各专业咨询"N"越小，"a"的取值越大。建议取值范围为 0.8～1.2，取值见附表 B.2：

附表 B.2　a 的取值

序号	N	调整系数 a 对应取值
1	2～3	1.2
2	4	1.1
3	5	1
4	6	0.9
5	7 及以上	0.8

（3）"b"为项目管理复杂程度调整系数，当全过程工程项目管理复杂程度越大，"b"的取值亦越大。工程复杂程度调整系数是对同一专业不同建设项目的工程设计复杂程度和工作量差异进行调整的系数。工程复杂程度分为一般、较复杂和复杂三个等级，其调整系数 b 分别为：一般（Ⅰ级）0.85；较复杂（Ⅱ级）1.0；复杂（Ⅲ级）1.15。工程复杂程度在《工程勘察设计收费管理规定》的《工程复杂程度表》中查找确定。

（4）"N"是指项目全过程各专业咨询（如投资咨询、勘察、设计、监理、造价咨询、招标代理、运营维护等）的服务费，各专业咨询服务费率可依据传统收费依据或市场收费惯例执行。全过程工程咨询服务收费实行明码标价，全过程工程咨询单位应当在经营场所醒目位置公示收费项目、服务内容、收费标准等事项，自觉接受社会监督。

附录 3

全过程工程咨询管理制度

（1）全过程工程咨询管理制度
（2）投资管理制度
（3）重大事项报告制度
（4）安全管理制度
（5）质量管理制度
（6）进度管理制度
（7）技术管理制度
（8）合同管理制度
（9）造价管理制度
（10）工程进度款计量及支付管理制度
（11）物资和招投标管理制度
（12）勘察设计管理制度
（13）监理管理制度
（14）绩效考核办法
（15）建设协调管理制度
（16）档案管理制度
（17）信息管理制度
（18）设计变更管理制度
（19）其他管理制度（包括但不限于廉政建设管理制度、印章管理制度、考勤请假管理制度等）

附录 4

全过程工程咨询成果交付文件清单

序号	服务范围	咨询成果交付文件清单	备注
一	投资决策阶段	1. 项目建议书 2. 可行性研究报告 3. 项目申请报告 4. 资金申请报告 5. 环境影响评价 6. 社会稳定风险评估 7. 职业健康风险评估 8. 交通评估 9. 节能评估	
二	建设实施阶段		
（一）	勘察设计	1. 勘察服务文件清单 （1）勘察任务书 （2）勘察方案 （3）野外勘察作业和室内试验记录 （4）勘察文件 （5）报审批复文件 2. 设计服务文件清单 （1）设计任务书 （2）方案设计文件 （3）初步设计文件（包括设计说明书、主要设备或材料表、有关专业设计图纸、工程概算书、有关专业计算书） （4）施工专业设计图纸（包括设计说明书、主要设备或材料表、有关专业设计图纸、工程预算书、有关专业计算书）	

续表

序号	服务范围	咨询成果交付文件清单	备注
（一）	勘察设计	（5）变更设计文件（包括变更方案对比、变更设计说明、变更设计图、变更增减预算、有关专业计算书） （6）运维阶段设计文件	
（二）	工程监理	1. 监理规划（监理规划、实施细则、总控制计划、监理月报、监理会议纪要等） 2. 进度控制（工程开工/复工审批表、工程开工/复工暂停令） 3. 质量控制（不合格项目通知、质量事故报告及处理意见） 4. 造价控制（预付款报审与支付、月付款报审与支付、变更、洽商费用报审与签认、工程竣工决算审核意见书） 5. 分包资质（分包单位资质材料、供货单位资质材料、试验等单位资质材料） 6. 监理通知（有关进度控制、质量控制、造价控制的监理通知） 7. 合同与其他事项管理（工程延期报告及审批、费用索赔报告及索赔、合同争议、违约报告及处理意见、合同变更材料） 8. 监理工程总结（专题、月报、竣工总结，质量评价意见报告）	
（三）	招标代理	1. 投资人需求分析资料（包括访谈记录、问卷、实地调查等） 2. 招标方案 3. 资格预审文件 4. 招标文件（含澄清、补遗书等） 5. 投标文件 6. 现场踏勘记录 7. 收取、退还投标保证金记录 8. 开标、清标、评标记录 9. 公示文件 10. 中标通知书 11. 采购管理文件 12. 合同管理审核记录	
（四）	造价咨询	1. 投资估算的编制与审核 2. 经济评价的编制与审核 3. 设计概算的编制、审核与调整 4. 施工图预算的编制与审核 5. 工程量清单的编制与审核 6. 最高投标限价的编制与审核 7. 工程计量支付 8. 施工过程的工程变更、工程签证和工程索赔 9. 工程结算的编制与审核 10. 工程竣工决算的编制与审核 11. 全过程工程造价管理咨询 12. 工程造价鉴定 13. 方案比选、限额设计、优化设计的造价咨询 14. 合同管理咨询 15. 建设项目后评价 16. 工程造价信息咨询服务 17. 其他合同约定的工程造价咨询工作	

续表

序号	服务范围	咨询成果交付文件清单	备注
（五）	项目管理	1. 项目报批管理文件 2. 合同管理文件 3. 设计管理文件 4. 进度管理文件 5. 质量管理文件 6. 安全生产管理文件 7. 资源管理文件 8. 信息与知识管理文件 9. 收尾管理文件	
（六）	其他服务	规划咨询、投资咨询、BIM咨询、绿建咨询、工程勘察、工程检测、海绵城市设计、地质灾害危险性评估、当地政府报批报建所需要的咨询服务等形成的正式成果文件	
三	运营维护阶段	1. 项目后评价文件 2. 项目绩效评价文件 3. 设施管理文件 4. 资产管理文件	
四	总结	整体总结报告——全过程工程咨询报告	

参考文献

[1] 陈金海,陈曼文,杨远哲,等. 建设项目全过程工程咨询指南[M]. 北京:中国建筑工业出版社,2018.

[2] 杨卫东,敖永杰,翁晓红,等. 全过程工程咨询实践指南[M]. 北京:中国建筑工业出版社,2018.

[3] 胡勇,郭建淼,刘志伟. 全过程工程咨询理论与实践指南[M]. 北京:中国电力出版社,2019.

[4] 王辉,徐希萍. 全过程工程咨询概论[M]. 郑州:郑州大学出版社,2018.

[5] 蔡志新. 全过程工程咨询实务指南[M]. 广州:华南理工大学出版社,2018.

[6] 曾金应. 全过程工程咨询服务指南[M]. 北京:中国建筑工业出版社,2020.

[7] 季更新. 全过程工程咨询工作指南[M]. 北京:中国建筑工业出版社,2020.

[8] 刘辉义,李忠新,张文勇. 全过程工程咨询操作指南[M]. 北京:机械工业出版社,2020.

[9] 吴玉珊,韩江涛,龙奋杰,等. 建设项目全过程工程咨询理论与实务[M]. 北京:中国建筑工业出版社,2018.